文化楚雄

元谋

元谋

总策划 杨斌
迟中华

主编 徐晓梅

本卷主编 李盈梅

云南出版集团

云南人民出版社

文化楚雄

文化楚雄 · 元谋

元谋

图书在版编目（CIP）数据

文化楚雄．元谋 / 李盈梅主编．-- 昆明 ： 云南人民出版社， 2017.12
ISBN 978-7-222-16560-1

Ⅰ．①文… Ⅱ．①李… Ⅲ．①地方文化 – 元谋县
Ⅳ．① G127.742

中国版本图书馆 CIP 数据核字 (2017) 第 263073 号

创意策划： 云南出版集团公司产业发展部
出 品 人： 赵石定
责任编辑： 徐 昕 刘 焰 徐 霞
设计总监： 袁亚雄
装帧设计： 云南非鸟文化传播有限公司
责任校对： 姚实名
责任印制： 洪中丽

文化楚雄·元谋
WENHUA CHUXIONG · YUANMOU

主编： 李盈梅
出版： 云南出版集团 云南人民出版社 // **发行：** 云南人民出版社
社址： 昆明市环城西路 609 号 // **邮编：** 650034
网址： www.ynpph.com.cn // **E-mail：** ynrms@sina.com

开本： 787mm×1092mm 1/16 // **印张：** 17.75 // **字数：** 110 千
版次： 2017 年 12 月第 1 版第 1 次印刷
印刷： 云南出版印刷（集团）有限责任公司 云南新华印刷二厂

书号： ISBN 978-7-222-16560-1 // **定价：** 59 .00 元

如需购买图书、反馈意见，请与我社联系
总编室：0871-64109126 发行部：0871-64108507 审校部：0871-64164626 印制部：0871-64191534

云南人民出版社微信公众号

总序

中国的彝乡　世界的彝乡

一

黄河中下游的华夏民族孕育了上古时代的中华文明，这是共识。中原之外，四周有东夷、西戎、北狄、南蛮控制地区。

云南为“南蛮”之地。“元谋人”的故乡是蛮荒之地，是化外之地，由旧史观所致。

事实是，中华民族、中华历史、中华文化是由各民族长期交融、共同发展而形成的。楚雄不仅有我国人类历史的开篇，而且有从古至今各民族人民伴随着中华文明生生不息、从未停止的历史足迹。因此，楚雄是中国的彝乡，是世界的彝乡，我们要有这样的民族自信，这样的文化自信。

回顾楚雄地方历史，我们不难看出，楚雄州自古就是中华民族国家统一体中不可分割的一部分。楚雄州各族人民具有与中华民族同呼吸、共命运的历史传承，我们的民族文化始终伴随着中华文化的源远流长呈现出开放融合的历史发展潮流。

试想一下，如果没有庄蹻通滇，楚雄州不可能早在先秦时期就在“滇”文化的高度发展中孕育出威楚雄风的历史气象；如果没有汉武置县，楚雄州不可能早在封建帝国形成之初就与大一统国家紧紧联系在一起；如果没有南诏、大理国的崛起，楚雄州不可能在唐宗宋祖的历史碰撞中显示出区域中心的地位以及由此带来的文化圆融；如果没有元明清以来中央王朝持续不断的移民屯垦、设府兴学和改土归流，楚雄州不可能形成多民族和谐共生的历史格局并实现与内地的同步发展；如果没有近代以来举国上下反封建、反压迫、反侵略革命斗争的风起云涌，楚雄州也不可能融入时代发展的洪流之中与中华民族同呼吸、共命运；更显而易见的是，如果没有中华人民共和国的建立特别是改革开放以来的时代引领，楚雄州也不可能实现民族区域自治并在政治、经济、文化和社会生活的各个领域发生如此翻天覆地的变化。

历史是一面镜子，当我们大力弘扬民族文化、努力彰显民族地区文化多样性的同时，不应当忽视历史发展的共同性与规律性。任何文化，都是植根于一定的地理环境，并在长期的历史发展过程中逐渐形成的。楚雄民族文化是中华民族文化的有机组成部分，中华民族多元一体，中华文化多源共融，这是楚雄州文明社会发展进步的历史规律，自古而然，于今为盛。

生斯土，长斯土，将来藏骨于斯土，斯土之史当知之。这是草根民众的家国情怀，是乡土文化的自觉与自信。时至今日，民族文化强州建设已成为共识，而繁荣楚雄州民族文化，需要在历史的回眸中增强智慧与力量。

这应是“文化楚雄”的新视角。

二

六亿年前，在一片水边的湿地上，生活着大量的三叶虫，蠕蠕而动的生灵，似乎在寻找着生命起源之秘。过了三亿年，三叶虫还尚未弄懂自身存在之秘便长眠于水下，永留于寒武纪地质层内。此时，滔滔水浪里，畅舒自由的是一些长得怪异的鱼，用鳃呼吸的生命，在液态的生存空间中，抒写不了永恒的文字，它们迁游太累，沉沉睡去，融入泥盆纪地质层中。

又过了一亿多年，波涛汹涌的大海边出现了大片沼泽地，其间生长着桫椤等各类蕨类植物，这些鲜嫩的植物是巨型生物喜食的物品。于是这里出现了大量的恐龙，它们把侏罗纪变成了巨无霸时代。同一时间，诸如龟类、贝类、蚌类等等生命形态大量出现，很是热闹了一段时间。随着气候的改变和外星的袭击，地球发生了天翻地覆的变化，许多占统治地位的生物默默退出了历史舞台。

而后，在地壳的不断运动中，这片泽国渐渐上升成为陆地，许多生命不能适应变化，提前告别阳光雨露，在阴暗潮湿的地下世界石化为生命传奇。时间又过五千多万年，早已变为陆地的楚雄地界上，在苍天古树中间，一群腊玛古猿来到了地面，尝试直立行走。到170万年前左右，元谋出现了亚洲最早的人类。元谋人完成了从猿到人的巨大转变，开始从这里走向世界。人类生命群的出现，是地球上最了不起的奇迹。氏族、部落、族群繁衍演化，生存在这片土地上的彝族创造了万年以上的辉煌文明。人类有寻根探源的天性，我们从哪里来？这需要答案。人们寻来寻去，最终锁定楚雄这块热土。现在所有生活在这里的人，都可以自豪地向外宣称，楚雄是人类的老家，我们就是从这里走向世界的。

这里曾孕育了东方世界最早的人类，同时，这里也奉献了中华大地最古老的文明。这里有最丰富的彝族创世神话，原始文明的灿烂火光烧红了这里的每一寸土地。大规模的畜牧养殖和农耕文明的曙光不可思议地照耀着这里，谱写出艰难创业谋发展、民族融合兴大业的壮丽乐章。在它彝族文化的躯体里，涌动着万物有灵的朴素认知之血，遍布着各种承载华夏文明走向南亚、东南亚的古道和桥梁。茫无际涯的时空长流，淘洗尽人类无法厘清的杂乱足迹，由此沉淀而成的文明遗迹、人文情怀与历史价值，宛如恒星永灿，明月长照，或多或少，有形无形，对我们这些生活在这里的人产生了深远的影响。文化是生命成长与发展的记录，彝族文化是彝族继往开来的写真。

中国彝乡·滇中翡翠·和美楚雄，虽然“三古一彝”文化有厚植的深根，但亦须不断地灌溉滋润。遵循历史传统与现代创新，给古老文明注入新的活水，使之源远可溯，流长有望。

这应是“文化楚雄”的新担当。

三

楚雄州是以彝族为自治民族的多民族聚居区，全州共有26个民族，总人口273万人。其中在州境生活百年以上、人口在6000人以上的有汉、彝、傈僳、苗、傣、回、白、哈尼8个世居民族。各民族总体上大分散、小聚居，其中汉族和回族主要聚居在城镇、坝区或交通沿线，彝族、白族、苗族、傈僳族、哈尼族主要聚居和杂居在冷凉或高寒的山区和半山区，傣族聚居在金沙江河谷地带。相对来说，汉族聚居区土地肥沃，人口众多，水利、交通条件较好，而各少数民族地区地广人稀、山高箐深、交通不便，但自然资源比较丰富。

彝族是我国少数民族中人口较多的一个民族，主要分布在云南、贵州、四川、重庆、广西5省（区、市）。楚雄彝族的分布也很有规律，楚雄、南华、双柏以哀牢山麓为主要聚居区，大姚、永仁以百草岭为主要聚居区，武定、元谋以金沙江南岸的乌蒙山区为主要聚居区，姚安、牟定、禄丰则与其他民族杂居于山区。早在一万年前，彝族先民就在这片热土上创造了以十月太阳历为代表的灿烂文明。先秦时期，彝族先民在州境繁衍生息。至东汉后期，爨氏统治南中400余年，各种嶲、昆明、滇、劳浸、靡莫等“氐类”氏族部落的称呼逐渐被“叟”代替，标志着彝族的初步形成。至唐代中叶，南诏崛起，加强对爨区的控制。至宋大理国初期，今楚雄州境内已逐步形成了白鹿部、罗部、罗婺部、华竹部以及招莺部、摩刍部、易哀部等以彝族为主体的部落联盟。元朝以后，统称金沙江南北彝族各部为“罗罗”，使之成为彝族最终形成和界定的明显标志。明、清以后，内地汉族大量迁入，促进了彝区生产力的发展和封建地主制经济的建立，州境各地逐渐形成“汉僰杂处、罗罗山居”的分布格局。

走进彝山，你可以看到这里的民族大都有古铜般的肤色和清瘦结实的身板。因为在这里，他们是高原的儿女，距离太阳最近，灿烂的阳光不仅照耀在他们的脸上，也温暖着他们的心灵；因为在这里，他们常年行走在大山之上，日出而作，日落而息，与自然规律融为了一体；走进彝山，你能感受到这里的民族有着火一般的热情，家家都有一个长年不熄的火塘，户户都有当地自酿的小灶美酒，日常生活离不开火，朋友相聚离不开酒，节日习俗、祭祀礼仪更是火与酒的盛典。难怪一说到山地民族，人们自然会想到火的民族，红红的火把，火火的歌谣，酒歌中激情燃烧的岁月，等等。这就是楚雄各民族坚守的从大自然中孕育出来的原生态文化，这就是山地民族真性情的自然流露。

千百年来，各民族生活在这片滇中高原热土上，在适应自然、改造自然的过程中形成了山地民族勤劳质朴的性格品质和生存之道，团结进步、繁荣发展，是大家的共同追求。

这应是“文化楚雄”的新目标。

四

孔夫子说，智者乐水，仁者乐山，这话很有道理。山地民族，可能算不上是很有智慧的民族，但绝对算得上是有仁有义的民族。重重大山，在很大程度上阻碍了山地民族通往外界的道路，使他们不容易看到外面世界的精彩与无奈。然而，登高望远，人的胸襟会很开阔，不会轻易被世俗所困扰；与大山为伴，人的意志会更加坚韧，认定的目标不会轻易改变；空谷足音，人的思想会更加纯正，待人接物，会更加淳朴厚道。正是这种高原情怀和大山精神，赋予了山地民族勤劳、勇敢、务实、诚信、担当等诸多优秀品质。

秉彝至诚，兼容创新，雄远图强。这应该是楚雄精神不可缺少的内容之一。千百年来，楚雄州各族人民秉持山地民族的生存法则，在滇中高原特殊的地域环境中长期形成了适应自然、开发自然的生存能力和至诚至信的性格秉性；同时，滇中高原自然生态与文化生态的多样性，形成了楚雄州各民族相互依存、和睦相处、共同繁荣、共同进步的文化传统与发展能力，使开放、兼容始终是贯穿楚雄历史文化与民族文化发展的主流特征。今日楚雄，挟威楚余韵，雄起滇中，山高视远，孕育了各族人民在实现中华民族伟大复兴的历史征程中奋勇争先的雄图远志。

文化的最高层面与核心要义是人的品质与精神，楚雄人的精神与品质中从来就不缺乏敢为天下先的积极态度，这体现在已经成为彝州标识的无数第一上。

世界最早的铜鼓——万家坝铜鼓。

世界最大的恐龙展览馆——世界恐龙谷。

世界最大的孔子铜像——石羊孔庙孔子铜像。

中国内地独一无二的罄锤塔——大姚白塔。

中国第一福塔——楚雄福塔。

中国第一历法公园——楚雄十月历公园。

中国最奇特的“森林”——元谋土林。

西南第一高瀑——三潭瀑布。

西南第一山——武定狮子山。

西南第一天生桥——滇中大裂谷天生桥。

西南最艳的茶花——紫溪古茶。

……

文化楚雄，选择的内容和书写的方式，努力实现不从众不媚俗，不偏狭不避俗。每一个人，走遍楚雄，耳闻之事，目睹之物，分析所见，思索所得，情之所系，兴之所至，流于笔端，皆有不同。重要的是我们在差异性中认识到丰富多彩的价值，体会到更多的介入方式和理解方法，以我们所执着的探索与实践，留下一部镌刻在脑海间的书，绘就一幅镶嵌在山水间的画，创作一首流动在天地间的诗，高歌一曲铭记在心灵间的歌。

这应是“文化楚雄”的新探索。

虽拉拉杂杂，所言皆为心声，聊附其中，是为序。

目录 Contents

中山禪寺

第一章
文明的足迹

浩瀚宇宙，苍渺太空，究竟隐藏着我们人类多少未知的生命和自然之谜？

小小寰球，芸芸众生，人类究竟从哪里来？又将去往何处？

地球自46亿年前从宇宙中呱呱诞生至今，究竟又上演过多少生命的轮回？

如果你踏上被中国历史教科书赫然载于首页的这块弹丸之地——元谋，或许就能探寻到人们苦苦寻觅的些许答案，层层拨开疑云重重的谜团。

东方奥杜威

如此神奇的地质构造孕育众多生物的诞生与演化，如此丰饶的土地养育众多生命的登场与谢幕，如此久远的历史诠释元谋文化的博大与深邃。

对于古人类考古学感兴趣的人来说，相信对奥杜威这个地名并不陌生。

奥杜威位于非洲坦桑尼亚北部维多利亚湖东部，为东非大裂谷中一个东西走向的大峡谷，长约 50000 米，深约 900 米。形成于 3 万多年前，是剧烈的地质活动的结果。

奥杜威峡谷的发现具有偶然性。19 世纪末，一位德国昆虫学家在旅行途中误入奥杜威，在土层中发现了几块古生物化石，于是带回欧洲进行检验。结果令人们大吃一惊，古生物化石竟是早已灭绝的三趾马牙齿化石。凭着职业敏感，这位昆虫学家强烈地意识到，奥杜威可能蕴藏着一个巨大的考古宝藏！然而，第一次世界大战的隆隆炮火打断了对奥杜威的最初探索。

19 世纪末 20 世纪初，关于人类起源的学说众说纷纭。著名的有达尔文的非洲说、海格尔的南亚说、马修的中亚说，还有风靡一时的欧洲说。不过人类学家均相信人类并非由上帝创造，而是生物进化的产物，即现代人和现代猿类拥有共同的祖先。但人类这一支系何时何地从共同祖先这一总干上分离出来？分离的标志是什么？

原始人类又是何时何地转化为现代人？一直是困扰科学界的重大难题。

数年之后，英国著名古人类学家路易斯·利基在柏林见到了这些在奥杜威发现的三趾马化石。经过科学研究分析，路易斯·利基断定奥杜威与人类起源可能存在着某种联系。1931年，利基首次踏上奥杜威这块神秘的土地，找到了一些古生物化石，并发现了几件粗糙的石器，经过判断可能是猿人使用过的工具。这更加坚定了利基探索奥杜威的决心。于是利基带着妻子玛丽进驻奥杜威，开始了艰辛而漫长的考古发掘。

1959年7月17日，路易斯·利基和妻子玛丽经过30年坚持不懈的寻找，终于在奥杜威峡谷中找到了被他们称之为“坚果敲开者”的一颗175万年前的古人类头骨和一根小腿骨。利基夫妇将这个头骨所属个体的种命名为鲍氏东非人，后又改为南方古猿鲍氏种。奥杜威由此被誉为人类的摇篮。

元谋是一块得上苍垂爱的奇山异水，养育生命的神秘宝

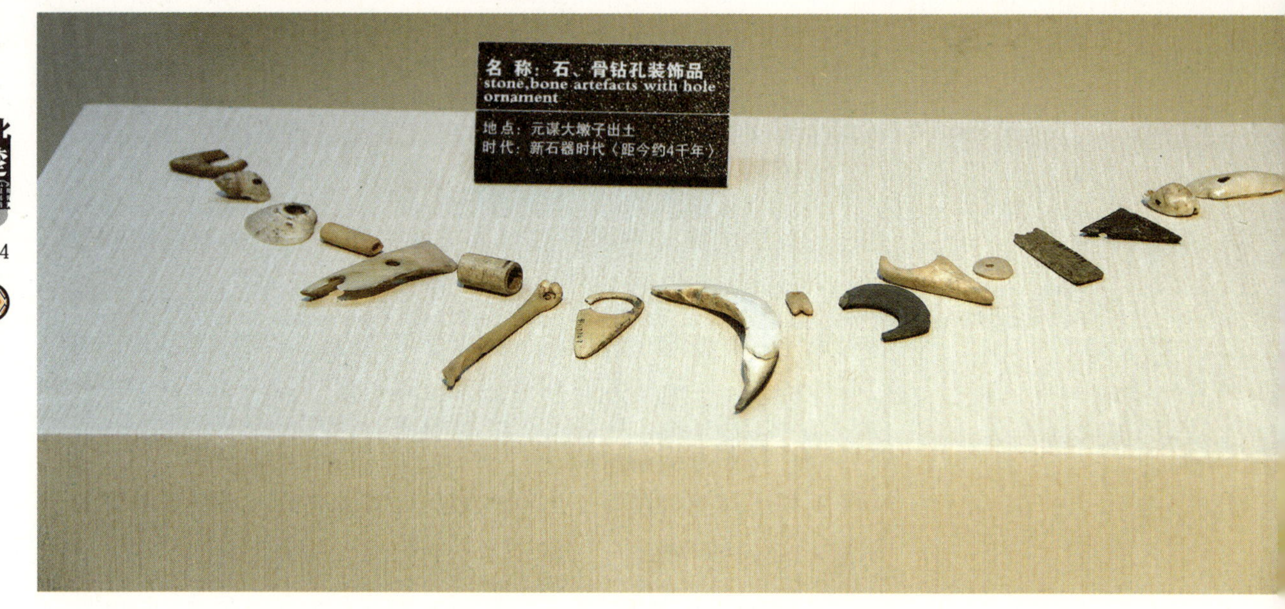

出土的骨器

地。作为康滇古陆的背斜中断，元谋的地质构造分为两个次一级结构单元：以东山大断裂为界，东为中生代台凹，西为元谋台凸。而元谋盆地则是新生代的断陷堆积盆地。

据杨乔槐先生《元谋赋》载：

热坝元谋，天造地设之洲。天为井鬼分野，地若肾形之丘。东有雷应山横亘俯瞰，西有众岗峦连绵环周，南有三台山逶迤挺立，北有祭牛山极目跳远，山脚下金沙江滚滚东流。中乃断陷盆地，龙川江纵贯，土宽广而肥厚。更兼海拔低、光照足，遂为热坝，俨然成一天然温室，地貌、气候独特于千里彝州。

热坝元谋，历史悠久之洲。一百七十万年前，“元谋直立人”即生息繁衍于此，“黄色种子”源源播向中原神州。唐虞之世，名为介南交昧谷；商、周之际，又为梁、雍外境，百濮渊薮。汉代使设会无县，从属越嶲，乃出川入滇要道所由。蜀汉武侯南征，渡泸入滇，驻足方山曾遥察此“不毛”之丘。唐代归入剑南道，初设縻州都督府，一度羁縻周边数县土酋。南诏、大理称华竹，亦为东方强悍部落，风云有际会，胜迹使无留。迨至大元一统，乃命为元谋。盖因地产千里马，马音近谋，当元之世，舍此不诹。有明一代置军屯，指挥使坐镇环州。继有民屯遍各地，共开垦良田沃地千万畴。嘉靖朝升庵公谪永昌，数过元谋佯狂遨游，极言此地仕途艰险，亦因个人遭际感壮志难酬。隆庆三年改土归流，土流纷争总难休。明末清初多战乱，吾酋揭竿自有其由。迄至清季，咸、同战祸，屠戮更稠。犹如楚之仅存三户，人民遭殃，鬼哭神愁。民国土匪多如牛毛，数千人家时时忧。后有红军长征过此地，万人队伍秋毫无犯，民间口碑广有传流。到得解放天地新，革命、建设争上游。改革开放春风起，经济社会发展更显劲道。

如此神奇的地质构造孕育众多生物的诞生与演化，如此丰饶的土地养育众多生命的登场与谢幕，如此久远的历史诠释元谋文化的博大与深邃，当不足为奇。

因此，一个世纪以来，元谋一直都是国内外考古专家、学者探寻远古生命奥秘、研究人类起源与演化不可或缺的神秘宝地。众多的考古学家通过长期不懈的努力，在这块神奇的土地上相继发现了一系列丰硕的古生物、古人类化石及文化遗存，引起了全世界考古学、古人类学、古生物学、古地质学界的广泛瞩目，“东方奥杜威”的美誉蜚声中外。

1903 年，据日本横山又次郎报道：“熊之一种（类似黑熊）产于云南元谋之洞穴中。”（见张粟原编译民国三十五年［1946 年］4 月中华书局出版的《地质学》）此乃迄今所知最早在元谋发现哺乳动物化石的文字记述。

1926 年末至 1927 年 2 月，美国国家自然博物馆组织中亚考察队进入云南滇北考察，考察队员纳尔逊和格兰阶，在流经

元谋盆地北部的金沙江畔的元谋龙街村发现新石器时代文化遗址一处，并在元谋盆地东侧、县城马街南面 5 公里处，发现马、偶蹄类、象、犀牛化石。其中云南马为绝灭种，根据化石鉴定，将动物群及化石产出地层归于早更新世，并预感到有可能保留早期人类化石的遗骸。

1931 年，德国教授克勒特纳在滇中和滇西考察旅行中，经过对元谋盆地的考察，提出了元谋层中的沙层是冰期巨大河湖相沉积。

1932年，美国自然博物馆《中亚调查记》记载了中亚考察队在元谋盆地的考察情况和收获。

1938年9月21日至30日，著名古人类学家卞美年对元谋盆地进行新生代地质调查，在杨柳村附近地层中，发现剑齿象化石。从药商处收集到由当地人在马头山附近地层中修公路时挖到的马、牛、鹿等化石，卞美年将元谋层时代与法国的维拉弗朗期对比，认为大致可与中国北方的泥河湾沉积或榆社建造的第三带对比，时代为上新世晚期。同时提到元谋层曾经过构造变动，东山的西麓和元谋组之间是正断层接触关系。

1940年，柯尔伯特研究了格兰阶采集的化石后，发表《中国云南北部马街盆地的更新世初期的哺乳动物》，将剑齿象、犀牛、猪、鹿、牛和云南马鉴定为新种，根据云南马个体小和牙齿上的一些原始特性，认为与缅甸上伊洛瓦底的马化石相似，可能是同一属。柯尔伯特因而推论马街动物群的时代与缅甸上伊洛瓦底动物群相当，认为元谋马街的堆积层可与华北早更新世泥河湾的堆积相比较。

1957年1月，中国地质博物馆胡承志、北京自然博物馆时墨庄、云南省博物馆陈廷凡等到达元谋考察，采集古生物化石。

1961年1月，周明镇、胡长康、邱占祥、林一璞等赴元谋进行新生代地质调查。北京自然博物馆时墨庄、续幼南到元谋马大海村附近采集古生物化石标本，获得了较完整的云南马头骨化石。裴文中在发表的《云南元谋更新世初期的哺乳动物化石》一文中，将元谋层时代定为早更新

出土的骨质刮削器

世，认为可与华北泥河湾组及下三门组做对比，地质时代相当于欧洲的维拉方期。

1965年初，为了配合四川省攀枝花地区的三线建设和成昆铁路的勘察设计，在中国地质科学院地质研究所黄汲清教授的部署下，由赵国光、钱方、浦庆余、王德山等4人组成的西南地区新构造研究组，在详细研究了第四纪地层的相关资料后，将元谋盆地选定为重点研究的地区。当年3月，新构造研究组从北京辗转来到交通闭塞的元谋县，由于交通工具奇缺，研究组成员每天迈开双腿，头顶炎炎烈日，冒着40余度的高温，在元谋盆地里四处奔波，开展地质勘查研究工作。经过几个月艰苦细致的勘察，发现元谋盆地东南方向上那蚌村一带地层出露较好，构造现象清楚，化石丰富，遂决定将上那蚌地区作为勘察研究重点。

5月的元谋盆地，骄阳似火、热浪沸腾，似乎凝固的空气，点一把火就可以燃烧起来，发出吱吱的声音。

“五一”国际劳动节的当天下午5时左右，钱方在上那蚌村西

大墩子遗址出土的石祖

北方向800米处，牛肩包西南方向一个高4米的元谋组组成的褐色土包下部，发现了几颗半露出地表的云南马牙齿化石。当钱方挖掘云南马牙齿化石时，发现旁边还有一些化石，表面露出一些痕迹，当即用地质锤的尖端小心翼翼地进行挖掘。看到一颗化石的齿冠半露地表，牙根埋在土里，挖出后经过仔细观察，像颗人牙。再挖，在其旁边的10余厘米处，又挖出一颗类似的牙齿化石。同时还挖到了啮齿类动物的下牙床及其他一些化石。这时，浦庆余和王德山两人也先后来到牙齿化石挖

元谋出土的鳞齿鱼化石

掘处。当看到这两颗呈浅灰白色、石化程度较深的牙齿化石时，兴奋异常，认为很有可能是原始人类或猿类的一对门齿。即刻又在小土包周围进行寻找，希望能找到更多的人类或猿类的化石材料。但几经搜寻，只找到了一些哺乳动物化石碎片和牙齿化石，还有一段鹿角。不久，天色暗淡下来，淅淅沥沥的小雨从天而降，研究组成员只得回到上那蚌村住地。夜里，他们用劳动的手掌捧着两颗牙齿化石反复琢磨。看到齿冠保存完整，齿根末梢残缺，表面有碎小裂纹，裂纹中填有褐色黏土。这两枚牙齿很粗壮，唇面比较平坦，舌面的模式非常复杂，具有明显的原始性质。他们兴奋异常，决定将牙齿化石带回北京请专家研究和鉴定。

探索与发现，是地质工作者的天职，但他们谁也不会想到，一个天大的秘密就藏在他们跋涉过的泥土里。这个秘密在国际劳动节这一天发现，是巧合？是机缘？还是上苍对劳动者最大的馈赠与褒奖？

第二天早晨，研究组继续在小土包及其周围进行搜索和简单挖掘，又找到了几颗马牙、牛牙、鹿角和一些化石碎片。为了准确地测出这两颗牙齿化石在元谋组中的层位，钱方等特意在测量牛肩包元谋组第四段时，将剖面通过该含牙齿化石的地层，同时还在大坡箐沟测定了元谋组第 3 段剖面。在这两条剖面上和上那蚌村附近的元谋组地层中也发现了 10 余个哺乳动物化石点，采集了岩石标本、孢粉和介形类样品。对元谋东山一带新构造运动进行了详细观察，

发现元谋组沉积后，本区新构造运动活跃和强烈，中生代红层已逆掩和挤压到元谋组上面。之后，研究组转移到四川攀枝花、云南楚雄永仁一带继续工作。

当年 9 月，研究组回到北京，钱方等人专门向黄汲清教授等专家汇报了两颗牙齿化石的发现情况，并提出了初步的看法。黄汲清教授认为还需要请有关专家进行详细鉴定和研究。后经中国地质博物馆胡承志教授研究鉴定，认为其基本形态可与“北京人”同类牙齿相比较，比我国在此之前发现的“北京人”“蓝田人”化石早 50 万 ~100 万年，属于直立人中的一个新亚种，可能代表一个青年男性个体。随之以发现化石产地的元谋县，命名为直立人元谋亚种，简称“元谋直立人或元谋猿人”，成为我国境内首次发现的早更新世古人类。

大墩子新石器遗址出土的灰烬

石破天惊

1972 年 2 月 22 日，经过“乒乓外交”的有力推动，来自大洋彼岸的美利坚合众国总统尼克松踏上了红色中国的红色土地，与中华人民共和国主席毛泽东亲切会晤，结束了中美冷战多年的历史。在这举世瞩目的历史时刻，新华社、《人民日报》向全世界报道了发现“元谋人”的新闻，称“这是继我国发现的北京猿人和蓝田猿人之后的又一重大发现，对进一步研究古人类和我国西南地区第四纪地质具有重要的科学价值”。之后，钱方、马醒华、李普等人来到元谋，系统地采集了元谋组地层的古地磁样品。在同一地层中找到了几块颜色发黑的骨头，经贵阳地球化学研究所鉴定可能为烧骨。在黏土层和粉砂质黏土中发现了大量长度为 1~15 毫米不等的炭屑，疑为古人类用火遗迹。后经李普、钱方等采用古地磁方法测定，“元谋人”生存年代为距今 170 万年 ±10 万年，是我国已知年代最早的古人类。1976 年春，在北京举行的“纪念恩格斯《劳动在从猿到人转变过程中的作用》写作一百周年报告会”上，钱方、马醒华、刘东生等，代表中国地质科学院地质力学研究所、贵阳地球化学研究所发言，宣布“元谋人”测出的生存年代为距今 170 万年 ±10 万年。同年 7 月下旬，新华社、《人民日报》同时发表了“元谋人”生存年代为距今 170 万年左右的重大新闻，将中国人类历史向前推进了 100 多万年。表明地处长江流域的云南是人类起源与发展的关键地区和核心地区，有力地挑战人类起源于非洲中心学说，为人类起源与发展多元中心论提供了强有力的科学支持。“元谋人”作为中华民族历史的开篇被载入中国历史教科书的首页，“元谋人”遗址这块

元谋姜驿恐龙的腿骨化石

大墩子遗址出土的葫芦形陶瓶、陶勺

名不见经传的弹丸之地自此闻名遐迩，成为人们顶礼膜拜的神圣之地。

艰难探索

从此，元谋，这个在地图上小到不能再小的地方，让世人惊讶；从此，考古学家、人类学家的眼光更多地投向了东方。元谋，这个名不见经传的小地方，为世人打开了一道探寻人类起源与演化的新窗口，古老的中国在全世界的注目下更加古老、神奇。

1982 年 2 月 23 日，国务院文件（国发〔1982〕34 号）将“元谋人”遗址公布为全国重点文物保护单位。1997 年，云南省人民政府以 117 号文件（国 11—3）将元谋人遗址保护范

建设于1995年4月的元谋人遗址"元谋人"牙齿化石发现三十周年纪念图腾柱，当地红砂岩雕刻，上书篆体大字"远古"，雕塑有旧石器时代远古生物图案

围明确规定为：以标志为中心，其东580米、南240米、西232米、北360米为界；建设控制地带，保护范围外延50米为界，总面积约48.72公顷。

自1965年5月至2000年，中国科学院古脊椎动物与古人类研究所、中国地质博物馆、中国地质科学院地质力学研究所、北京自然博物馆、云南省博物馆、贵州地球化学研究所、云南省地质局、云南省考古研究所、楚雄州博物馆、元谋人陈列馆等多家科研机构在元谋人遗址保护范围内进行了5次正式发掘与研究，发掘点计8个，主要集中在元谋人牙齿化石原产地及郭家包梁子一带。除元谋人牙齿化石外，累计出土更新世哺乳动物群化石 6 目 29 属约 40 个种类、石器 17 件。此间，中科院院士贾兰坡、吴汝康、吴新智、朱自祥、邱占祥以及裴文中、张森水、胡承志、钱方、周国兴、江能人、林一濮、郑良、张兴永等一大批专家学者数次辗转元谋，围绕“元谋人”展开了多学科的考察、发掘、研究。认为：人类起源研究是马克思主义辩证唯物主义世界观的自然基础科学不可或缺的重要组成部分。距今 170 万年前元谋直立人牙齿化石的发现，提供了比北京人、蓝田人更早、更原始的人类遗骸，为“从猿到人”的观点提供了重要依据，在马克思基础理论研究方面具有重要意义，对研究人类起源与早期人类历史具有重大历史价值，具有划时代意义。我国旧石器时代的人类遗址，可分为洞穴裂隙堆积及野外遗址两大类型：其中北京猿人遗址属于洞穴遗址类型，而蓝田猿人及元谋猿人遗址均属野外遗址类型。洞穴遗址类型人类遗迹、遗物的发现相对比较集中，而野外遗址人类遗迹、遗物的发现则相对比较分散。元谋人遗址因有确切的地层依据，是我国南方旧石器时代野外遗址的代表。同时，元谋人遗址不仅发现了我国迄今为止时代最早的直立人牙齿化石，而且还发现了许多有人工打制痕迹的石器和石制品，为研究早期人类的石器类型提供了重要证据。

此外，元谋组地层已成为中国南方标准的第四纪（更新世）地层。科学工作者通过调查，将厚达 673.6 米的连续沉积的地层分为 4 段 28 层，经古地磁测年法测定距今时间跨度为 340 万 ~130 ± 10 万年，其中元谋人遗址所在的牛肩包、郭家包梁子一带的地层是厚达 122 米（22–14 层），距今 187 万 ~130 ± 10 万年的第四段标准地层。不仅对研究人类起源有着重大意义，而且对研究我国第四纪地质的划分也有着重大科学价值。元谋人遗址出土的丰富的哺乳动物化石对早更新世古生物、古气候、古环境的研究具有无可比拟的科学价值。

茫茫的群山，红色的土地——大自然的厚爱和历史的眷顾，

金沙江

造就了神奇美丽的彩云之南。也许，在地球演化和生物进化或演化这本大书中，这块红色的土地注定是无法轻易翻过的重要一页。这块曾经被恐龙主宰的土地，若干万年后成了腊玛古猿的乐园，到170万年左右，亚洲最早的人类“元谋人”又在此繁衍生息。

“元谋人”的发现极大地推动了云南境内的科学考察、考古发现工作，“昆明人”、“丽江人”、保山、禄丰、昭通、开远等众多的考古发现，云南的古猿化石不仅丰富，而且正好处在人类起源的关键时期。云南的古猿和人类起源关系十分密切，这些都引起学术界的特别关注，也给人类起源研究带来新的曙光。

云南省境内发现4个地点的中新世古猿皆具有相接近的形态特征，区别于世界上其他地点的古猿，这已经被许多人类学家所认同。云南的古猿同属于一个古猿类群，都可归入禄丰古猿属，代表了4个不同的种类，即禄丰古猿开远种、禄丰古猿禄丰种、禄丰古猿蝴蝶种和禄丰古猿保山种。在演化道路上云南的古猿也选择了和其他古猿不同的进化方向。他们和人类的关系更为密切。近年来，云南的中新世古猿越来越受到国际古人类学界的关注，非洲和亚洲

出土于元谋大墩子新石器时代文化遗址的草拌泥，条痕泥建筑遗迹

一些新的发现也使云南的古猿在人类起源研究中的地位更加突出，云南古猿的新研究为人们对人类起源理论的研究注入新鲜的血液。

在云南这块红土地孕育出中国内地最早的人类——元谋人，还发现可能是人类祖先的云南古猿丰富的化石材料，这在中国乃至亚洲，甚至全世界都是罕见的。这里有可能破解人类起源之谜的丰富的中新世古猿化石，有中国最早的人类化石，有旧石器时代初期人类制造的工具，有旧石器时代中期、晚期的石器材料，有早期智人和晚期智人（解剖学上的现代人）化石，更有遍布全省的新石器时代遗址。

从一亿八千万年前的恐龙时代到八百万前的禄丰腊玛古猿，再到一百七十万年前的元谋人，彩云之南，这块神秘的土地究竟包含了多少生命的玄机。从腊玛古猿化石到元谋人化石，几乎可以拉出人类起源与演化的进化链，这块古老的土地究竟还蕴藏着多少人类起源之谜？

探索与发现，需要科学的精神、科学的方法与态度，人们正在不断探索中有新的发现，而新的发现又指引人们在新的探索实践中发现更大的秘密。在如此循环反复中历史的真相被披露，科学技术得以发现进步。当人们惊讶于元谋这块金沙江干热河谷地带上重大考古发现时，国内外学术界也本着对科学负责的态度提出疑问：元谋人遗址发掘尚缺乏有效证据，两枚牙齿化石是在地表被发现的，而没有在土层里，说服力不足。没有发现头骨，脑容量等重要特征难以判定。找到了炭屑和用火的痕迹，但有没有可能是雷电引发的火灾？发现了旧石器，伴生出土的动物骨骼也有被加工的痕迹，但是不是元谋人所为？

太多的疑问，让人们更加渴望在元谋找到更多的证据。

消逝的雨林

环境和生命是紧密联系的，环境与人类也是紧密联系的。人类是环境地产物，人类的生存和发展一时一刻也离不开环境，环境也正被人类不断地改变着。恩格斯指出："人本身是自然界的产物，是在他们的环境中并且和这个环境一起发展起来的。"人类与环境的关系是互相依存、互相影响的。一方面，自然环境为人类提供生存空间，人类还通过生产活动从环境中索取物质能量；另一方面，人类可以改造环境，环境又把它所受到的影响反作用于人类。

有关古人类生活环境的问题，是一个引人注目的问题。

170 万年前的元谋人，是生活在冰期寒冷气候环境中，还是生活在温暖的气候环境里呢？一种"从冰川气候观点出发"的说法，在学术界很流行，认为"元谋猿人就是在经受冰川活动的严峻考验，在同自然界的严寒做艰苦斗争的环境里诞生和发展起来的"。

1977 年，钱方、浦庆余、袁振新及张兴永几位学者在《元谋盆地第四纪冰期与地层》一文中提出："元谋盆地在第四纪时期里至少有四次冰川活动。元谋人是在同冰期严寒气候的斗争中发展起来的……一次又一次自然环境的恶化，并没有把原始人类消灭。虽经几次移迁，也没有把他们逐出元谋盆地，相反地，他们却在那里顽强地生活下去。再说，即使到了间冰期，自然界也是多变的，元谋组孢粉剖面就反映了在元谋组沉积过程中，气候有过多次波动。元谋人经常同恶劣的自然环境做不屈不挠的顽强斗争，在斗争中不断增长智慧和力量。元谋盆地在三百多万年多变的自然科学历史中，人类在不断地利用自然和改造自然，也改造着自身。"（《元谋人》，云南人民出版社 1984 年版，第 70 页）

事实果真如此吗？很多学者提出这个论断值得讨论。

孙孟蓉、赵英娘、孙秀玉、王大宁等学者在《云南元谋盆地元谋组孢粉组合的初步研究》中综合分析了孢粉组合及其古植被、古气候和地层时代，从孢粉组合面貌推论，元谋人生存环境里"当时的植被是含有热带、亚热带雨林成分常绿阔叶林。在平原地区，分布着相当多的热带、亚热带雨林分子，同时包含少量落叶阔叶成分的亚热带常绿阔叶林。在较高的山地，分布着渗有相当数量的松属、铁杉属、油杉属、云杉等，可能分布在较远的高山上；而在低洼地、湖泊里生长着睡莲科、水鳖科、黑三棱属、眼子菜等水生植物"。他们认为：元谋地区现代植被属西部亚热带的常绿阔叶林带。而第一孢

粉组合所反映的植被，与该区现代植被的面貌基本相似，但其中还掺杂着相当多的热带植物成分以及泪杉属、雪松属等第三纪孑遗分子。由此推测，当时的气候与现代相似或可能稍许湿热一些。（《元谋人》，云南人民出版社 1984 年版，第 171 页）

1979 年，中国科学院古脊椎动物与古人类研究所计宏祥、李炎贤在《古脊椎动物与古人类》杂志上发表题为《从哺乳动物化石来探讨元谋人生活时代的自然环境》一文中，从元谋哺乳动物化石的组成、生态、动物地理分布等方面分析，认为元谋的哺乳动物，包括元谋人，生活在温暖的亚热带气候的自然景观中。元谋动物群主要是适于温暖气候的种类，个别可能适于温带生活的种类，并不能说明其生活时的环境为寒冷气候，而只有可能说明元谋组漫长的岁月中，气候有一定的波动。这一结论和孢粉分析结果大致相符，二者表明不存在寒冷的冰期气候。

我国古人类学家贾兰坡教授考察元谋人遗址

遥远少女的梦魇

1984 年 12 月 16 日至 20 日，北京自然博物馆野外考察队在元谋人遗址以东地区进行考察时，在距离门齿化石发掘地 250 米左右的郭家包梁子东北段西坡，发掘到一批哺乳动物化石。其中有一肢骨的骨干，据其大小、比例与形态特点判断，并与鹿类、猿类、人类同类肢骨相对照，确认为人类的胫骨。这是一段左侧胫骨，除缺失上下端外，骨干保存相当完整，骨干内面开裂，上有狭缝纵贯全骨，骨干外面亦稍有开裂，纵向的裂纹沿骨内脊的前沿自上而下，沿至骨干下 2/3 处消失。表面呈红褐色，局部有黑色斑纹，该标本整体外貌上与元谋组地层中通常出现的动物化石一致。

从形态上看，该胫骨骨体纤弱，骨面缺粗硕的骨脊，很可能代表一年少女性个体。据测量，该胫骨骨干残长 227.0 毫米，相当中点处的骨干

周长为 78.0 毫米，横径 17.0 毫米，最大前后径 29.0 毫米，处于现代人扁胫型指数（55~62.9）范围内。古人类学家周国兴教授仔细研究后认为，该胫骨化石时代应在早更新世末期。元谋组第 26 层的时间为 167 万年左右，该化石年代应当在 100 万年以上。古人类学泰斗贾兰坡院士对该胫骨化石研究后发表见解："100 万年以上的人类胫骨，在我国还是首次见到。但它和北京人的胫骨相比有所不同，北京人的胫骨粗壮得多，骨壁厚，髓腔小，而且是前后径大于横径，但在一定程度上，我又趋向于把它看作是人的，因为骨面上满布大头细尾的纤孔（细微的滋养孔），其他动物此种属性不显，多呈细向纹。我在 20 世纪 50 年代初，从北京人遗址的碎骨中找到人的肱骨干和胫骨干各一小段，就是根据这一性质检出的。元谋的胫骨较细弱，骨壁也较薄，或许属于幼年个体。"

位于元谋县城东南部 7 公里的"元谋人"遗址，地理坐标为北纬 25°45′，东经 101°55′。在遗址保护区 48.72 公顷的范围内，稀稀疏疏地生长着少量因干旱缺肥而羸弱不堪的零星桉树。在绵延不断的褐色土包与砾石之间，一些顽强生长的未名野草，被炽烈的阳光摧残得只剩下光秃秃的草根，目之所及，地表沟壑纵横，水土流失严重。但就是这样一方可冠以不毛之地的荒坡丘陵，缘何频频发现古人类化石？

困惑与疑问

根据"元谋人"牙齿化石发现者钱方先生及专家们多年来对元谋盆地中晚新生代沉积物，古气候、古生物、古地貌、新构造等方面的潜心研究，以及对"元谋人"所在的元谋组第 25 层中发现的 1541 颗孢粉组合研究表明，170 万年前的元谋，西南是一片冲积平原，东面是低山和起伏的丘陵，山上生长着

人类起源（雕像）

茂密的松林，林间夹杂着众多的落叶阔叶树木。山下河流终年流水不断，山麓有一些小型的洪积扇，在河流和洪积扇之间分布着湖沼。根据专家对元谋组地层中连续发现的 40 个种类，分属 6 个目 18 科 29 属的元谋动物群化石，我们不难想象当时元谋的生态环境：马、牛、羊、爪兽等生活在河滩或草地湖畔；密林中隐藏着剑齿虎、豹等猛兽；森林边缘则是大象和鹿的故居；矮小的灌木和草丛中躲藏着兔子、小灵猫和鼠类；在湖泊和河流中有大量的鱼类和龟，还生长着蚌、螺和介形类。年均降水量为 850~1000 毫米，年均温度在 12~14℃，比现在春城昆明的气候略为凉爽。开阔的地形、温湿的气候、众多的野味、丰富的果实，为元谋人的生存和繁衍提供了有利的物质条件。始祖们白天游走于山麓与草原之间，用粗陋的石器和骨器猎狩及采集食物，夜间则围坐在篝火熊熊的火塘边，警惕地注视着遍地哀号的野兽，坚毅地凝视着深邃的夜空，饥寒交迫地挨过一个又一个漫漫长夜……

时光飞逝，沧海桑田，元谋人终以坚忍不拔的意志，步履维艰地将 170 万年前的远古文明薪火相传，从遥远的洪荒时代延续到了今天。而那些曾经与我们的远古祖先朝夕相伴的神奇动物，却被时光无情地演变为支离破碎的冰冷化石，留给今天的人们无穷无际的遐想……

彝族少女填补上新世腊玛古猿化石空白

1986 年 10 月 2 日，就读于物茂中学的彝族少女李自秀与德大村的 4 位农民，按照科普宣传中介绍的有关化石的识别常识，在位于元谋县物茂乡竹棚村西偏南约 1 公里的豹子洞箐找到了一大堆化石标本。11 月 24 日，李自秀与母亲李云芬背着沉甸甸的化石标本，辗转 200 余公里，将化石交到了云南省地质研究所的江能人先生手上。江能人意外地在化石标本中发现了一枚人猿超科牙齿化石，经研究认为这枚人猿超科牙齿化石同元谋人有着千丝万缕的关系，应该是一项古猿化石材料在元谋的重大发现。

为落实李自秀的重大发现，11 月 25 日，兴奋不已的江能人和相关专家风尘仆仆赶到豹子洞箐开展野外调查，采获了三趾马、剑齿象、大唇犀等动

钱方发现“元谋人”牙齿化石

物化石。巧合的是，“元谋人”牙齿化石的发现者钱方先生也在元谋，随即共同对化石产地进行了考察。最后，李自秀发现的这枚牙齿化石被专家定名为竹棚能人，年代估计为距今200万年。

经过对竹棚地区的考察，专家隐约感觉到，元谋人有了“来路”，竹棚能人牙齿化石的发现，为研究元谋人的“来路”拉开了序幕。

此后，省地质科学研究所、云南省博物馆、元谋人陈列馆或单独，或联合前往竹棚村调查采集地点及当事人，并对豹子洞箐地区进行实地调查与试掘后认为：该灵长类牙齿化石，是出自豹子洞箐顶部的地层中。与此同时，中国地质科学院地质力学研究所、云南省地质科学研究所等单位，初步对豹子洞箐地区完成了地层划分、剖面测量、古地磁年代测定样品的采集等项工作。自1986年12月——1987年6月，省，州、县元谋古人类考古联合发掘队、元谋人陈列馆先后分别对豹子洞箐进行了6次试掘和发掘工作。在该地区共获古猿牙齿化石67枚，以及上千件约40个种类的三趾马动物群化石标本。经初步研究，这些古猿化石可分为两大类型，即腊玛古猿和西瓦古猿，其时代为上新世，距今约400万年。

有了竹棚能人牙齿化石的发现，得到了专家们和当地党委、政府的肯定，彝族少女李自秀对考古工作有了极大的兴趣，也更加自信能找到更多的化石材料。功夫不负有心人，时隔三个月之久，李云芬、李自秀母女俩，按元谋人陈列馆安排，果然在位于物茂乡小河村北蝴蝶梁子采集化石时发现一件古猿左上颌骨化石（含4枚牙齿）、单枚牙齿化石21枚。

陶罐

如此密集地在一个狭小的区域发现大量古猿化石，着实让专家们震惊了。

1987年3月2日，经国家考古发掘证照考执字〔1987〕第16号文批准，由云南省博物馆、楚雄州文物管理所、元谋人陈列馆组成的元谋古人类联合考古发掘队，对小河地区进行正式发掘。至1990年，先后发掘共7次，共获元谋古猿头骨1件，上颌骨4件，

元谋出土的褶鳞鱼化石

下颌骨 7 件，单枚牙齿（含头骨、上下颌骨的）1093 枚，以及大批哺乳动物化石标本。经初步研究，这批古猿化石和竹棚村豹子洞箐遗址出土的古猿化石一样，属于腊玛古猿和西瓦古猿两大类型，其时代均为上新世，距今约 400 万年。

元谋古猿化石的发现，填补了我国上新世该类型古猿化石材料的空白。同时，对研究人类起源与演化及其地理分布，提供了珍贵的实物资料。1987 年 7 月，元谋县人民政府分别将小河元谋古猿遗址、竹棚村豹子洞箐遗址公布为县级重点文物保护单位。

1998 年，邱占祥研究员提出的“早期人类起源及环境背景的研究”课题被列为国家“九五”攀登计划专项，由国家科委和国家自然科学基金委员会共同主持。此后项目组对元谋人陈列馆馆长姜础同志原有发现的蝴蝶梁子、界牌梁子、雷老 3 个较大化石产地开展了再次发掘，发现化石产地面积约 50 万平方米，是世界上埋藏和出土古猿化石标本最多的一个地区。截至目前，元谋化石产地已累计发掘出古猿头盖骨 1 个、完整下颌骨 1 件、上下颌骨残段 20 件、牙齿化石 3000 余件。经古地磁方法测定，化石的主人生活在距今 450 万 ~350 万年前，专家们认为，这是距离“元谋人”最近的一支古猿。

2013 年 5 月 3 日，国务院将物茂乡竹棚元谋古猿遗址颁布为第七批全国重点文物保护单位。

远古的村庄

从穴居山洞到远古村庄，从四肢着地到直立行走，从使用天然的木棒到有意识地打造石器，以及火和弓箭的发明都是人猿揖别和迈入人类文明门槛的重要标志。

那么，迈入文明门槛的祖先们怎样建设村庄？村民们依靠什么生活？村民的社会关系怎样？村民们怎样处理生老病死这样一些绕不开的问题？在距离元谋人遗址仅 4 公里的地方，考古学家们在一个叫大墩子的地方发现了这样一个 3000 余年前祖先们曾经生活的远古村庄。

大墩子是一块被一条名为大箐河的溪流冲刷得支离破碎的台地，位于元谋县城的东部 4.5 公里处，与元谋人遗址平行距离仅 4 公里。从 20 世纪 70 年代起，这块土地就像被施了魔法，令许多蜚声中外的考古学家纷至沓来，虔诚拜谒，专心捕捉探寻祖先留下的生活气息。

故事还得从 20 世纪 70 年代说起。发现元谋人的消息经新华社和《人民日报》公之于世后，在引起学术界震惊的同时，也引来了不少的争议。

1972 年，中科院古人类及古脊椎动物研究所的林一濮先生到元谋考察，实地研究关于元谋人的若干问题。元谋县文化馆的年轻后生姜础拿了几件制作精美的石锛、石斧找他鉴定，说这些器物的出产地在一个叫大墩子的地方。据介绍，这些器物是当地的老乡发现的。人们把这类石斧称为“雷楔子”，以为是传说中雷公留下的遗物。林先生立即到达大墩子进行现场考察，认为这一地点对研究新石器时代的人类文化具有重要的意义。

元谋人生活想象图

此后，姜础等人便到大墩子做了初步的考察发掘，同样找到了石锛、石斧、陶片等文物，并及时汇报了云南省文物工作队。位于元谋人遗址北面的大墩子，与元谋人化石产地上那蚌村平行距离仅4公里。这一地理位置使后来的考古工作者们浮想联翩：人类总是踩着祖先的足印前行着，因为人类是记忆和传承能力最强的物种。一个荒凉的小台地令这么多人着迷，或者还是源自人类记忆力极强这一因素：我们祖先走过的那些地方，会留下一些怎样的信息呢？它能给我们这个很发达的文明社会什么样的启示？

对元谋历史文化有着深入研究并长期致力于推崇宣传元谋的《云南日报》知名记者兼作家李玥先生在其专著《生命大赛场》中描述：1972—1973年，云南省博物馆先后3次对大墩子进行了发掘，在近500平方米的发掘面上，出土了一大批与原始社会相关的生产工具、生活用具及建筑、葬俗遗迹，都无可辩驳地证明，早在3400年前，元谋盆地就是先民们繁衍生息的热土，这里的河流、湖泊、森林滋养着我们的祖先。

水、空气、阳光、森林、百草以及生活在这些环境里的动物，为人类提供了成长的环境和食物来源。而元谋大墩子地区另一个得天独厚的条件是，这里终年无霜，气候温暖，对于生产力非常低下的原始社会人类而言，这是上苍赐予的巨大财富。以至于他们经历了无数代人后，后来者仍然迷恋着这片丰饶多情的土地。这样，才使得元谋地区的人类文明环环相扣，少有缺失的细节。

除了食物以外，大自然赐给人类一件非常重要的礼品——石块。假如木棒是人类应用的第一件武器，那么石块的应用就是人类早期社会生活中的一件大事了。因为，获取一块石头，比获取一根木棍更容易、更简单。因此，在人类向文明社会前进的旅途中，有一个时代被称为“石器时代”。李玥先生为人们生动地复活了大墩子先民的生活图景：

清晨，男人们踩着野草上的露珠，结伙成队地去森林中狩猎，到河湖中捕鱼。而妇女们则到野外采集野果和可食的野菜。他

们或穿着树叶编成的“草衣”，或披裹着兽皮做成的衣裙，散乱着头发，赤着脚走在这片大地上。一天艰辛的劳动就这样开始了。

赤脚走很长的山路，男人们才可能找到围猎的野兽。在广阔的大自然中，人类是杂食者，不像虎、豹、狮、豺等食肉动物那样形成较单一的食谱。他们是捕猎者，同时也是被捕猎者：假如他们和虎豹那样的猛兽遭遇，他们很可能成为别人的盘中餐。可是，群居生活以及集体狩猎大大降低了被猛兽袭击的成数，每一双警惕的眼睛都注视着周围的风吹草动，即便与猛兽遭遇，他们也能够凭借集体力量吓退猛兽甚至杀死猛兽。他们利用得最普遍的武器就是石块，他们用石块砸死较为温顺的动物，例如鹿、野羊、兔等。当然，装着石箭镞的弓发挥着重要的作用。这种上苍赐予的武器可以远距离射中猎物，即使射不死它，也能让它受伤流血，行动艰难，利于追捕。设想数十个男人围捕一条野牛的情景，那真可谓惊心动魄：当野牛走进人们的“伏击圈 ”，男人们从草丛或丛林中一跃而起，手持弓箭、棍棒、石块，狂吼着冲向前，为获取一餐丰盛的食物而战（这可能就是后来人类战争的早期演练）。强壮的野牛不会束手就擒，奋起反击，有人在锋利的牛角下受伤甚至死亡，但石块和箭镞、棍棒雨点似的落到野牛身上，终于有一击成为这条野牛的致命伤。经过垂死挣扎后的野牛倒在草地上，倒在那些精疲力竭的男人跟前。受伤的男人躺在草丛中呻吟，直到听到同伴们为胜利欢呼时，才吃力地爬起来，走向欢呼的人群。然后，简单的祭祀活动开始了，他们向山中的神灵顶礼膜拜，感谢山神给他们喂养了野牛。接着，手持石刀的男人们扑向野牛的尸体，开肠破肚，把心肝扒拉出来，祭完神灵后分食之，才慢慢料理整条牛肉。这是一种最好的结局。另一种更糟的结局是，他们流了血甚至付出生命的代价，野牛最后还是夺路逃走了。可以估想：在原始人那些简陋的武器下，像野牛这样的大兽们逃脱的比例应该很高。

另一种更为艰辛的狩猎方式是长距离追逐野兽。像鹿这样的动物，完全靠它的奔跑速度保证存活的数量，它们是大地这广袤田径场上的冠军。人们要想吃到鲜美的鹿肉，就必须付出难以想象的艰辛劳动。假如石箭镞没有射杀它们，人们就要去追逐才可能获得猎物。这样，原始的

元谋出土的鸡形陶壶

大墩子男人有可能从早追到晚，最终都一无所获。

第三种狩猎形式发生在湖畔和河流之中。鲜美的鱼儿是祖先们最为垂涎的食物，另一群男人甚至部分妇女会加入这一捕猎行列中。无法想见那时的捕鱼工具是些什么，但像削尖的棍棒、竹签之类，一定是他们捕鱼必不可少的用具。河水清澈得可以照见人影，祖先们认知自己似乎就是从水的影响中开始的。这时，少女们或许会从山地上采来野花，插在头上，或编一个花环戴在头上，一方面是自我欣赏，另一方面是让男人欣赏自己。这也许就是人类审美的起源吧？更多的时间是艰辛的劳动：男人们为捕到一条大鱼而自豪，手持棍杈搜寻着河里每一块石头下的动静。若能刺中一条有分量的鱼儿，就能改善族

人们的生活。而妇女们则在浅水区的淤泥里捞捡蚌类、螺类，往往比男人们收获更大。男人天性虚荣贪大，常常一无所获。

落日的余晖中，采集野果野蔬的女人们回来了。

这一天的大墩子是丰收的。这一天也让上了年纪的大墩子人等待了很长时间，有几位体弱多病的大墩子人没有等到这一天的来临，去了另一个世界：他们太缺乏营养，饥饿是他们经常面对的问题，他们常常活不到40岁，许多人在10余岁就夭亡，40余岁仍然健在已经是寿星了。首先回村的是抬着野牛的男人们，他们精疲力竭，满脸血污，脸上却闪烁着胜利者的自豪和满足的微笑。狩猎耗完了他们的力气，有人还受了伤，但进村前他们的虚荣心战胜了困乏，他们声嘶力竭地唱起了粗犷的山歌：

断竹、续竹、飞土、逐宍——

这是一种信号，留守村中的长者和孩子们闻声全都聚到了村头，迎接这些凯旋的男子汉。野牛很快被抬到村中宽敞的地方，长老们亲自指挥剥皮、献祭、煮肉和分配食物，没有任何一个人会被遗忘，即使他已毫无劳动能力。

第二批进村的是到河湖中捕鱼的人们，他们的陶罐、竹篓中装满了鲜鱼和蚌壳、螺，火堆上煮食物用的大陶锅于是很快被装满了。暮色中村人们围在火堆旁，等待享用一餐丰盛的食物。

陶、石纺轮

第三批进村的是采集果蔬的妇女们，她们为村人们带回了山茅野菜及新鲜的野果。在采集狩猎时代，这是全村人的主要食物品种，当那几口煮肉的陶罐空了以后，女人们带回来的果蔬就会倒进去，再次点燃人们的食欲。

这种艰辛危险的劳动所带来的成果，受到每一个村人的珍惜，任何一丁点肉都会被刮食，每一根骨头都被敲碎，人们很早就学会了“敲骨吸髓”。所有未食尽的食物，都会由长者们慎重地保存起来，等到最需要时才会拿出来分食。

剩余食物少之又少，维护了那个时代的公平。无论是谁获得的食物，它都是属于集体的，就像生存的土地是大家的一样，这块土地上的一切属于每一个人。这种艰难困苦的日子使大家习以为常，聪明勤劳的母亲们由于能够很好地安排族人们的劳动和生活，建立了崇高的地位。无论在大众面前还是在个体的家庭中，她们说的话都很算数，因为她们总是把大家的事办得井井有条，母系社会的神圣地位由此奠定。

岁月流逝，沧海桑田。

大墩子村的人们步入了新的时代。专家们认为，水稻的栽培和推广，是长江文化为人类做出的巨大贡献。迄今我国共发现新石器时代含人工栽培水稻的文化遗存约 60 处，95% 在长江流域。其中时代最早的水稻遗存在长江中游的湖南澧县彭头山，距今 8000 年以上；其次在长江下游的浙江余姚河姆渡，距今 7000 年。此两处遗迹的年代不但早于黄河流域最早的水稻遗迹，而且比已知国外最早的稻谷遗存——印度北方邦安拉阿巴德市马哈拉遗址的稻谷种植时间早 2000 年。因此，专家们认为：稻作文化由长江流域向环太平洋地区传播。作为长江上游的大墩子，肯定濡染过早期稻作文明的雨露。这一点已被考古材料证实：大墩子房址近旁有 4 个窑穴，其中一个长达 6.2 米，深 0.8 米，盛满带有谷壳的灰白色粉末，一些学者认为这是氏族公社共有的粮仓。

专家通过对大墩子遗址考古发掘认为，妇女们通过长期的艰辛劳动，成功驯化了野生稻，使之成为粳稻。她们使用简陋的工具，开垦荒山造田，耕作、犁地、除草、收割、打场，为日益增长的人口提供食物来源。大墩子文化遗址中不但有每户使用的陶缸，还有室外集体使用的窖穴，这些容器内肯定储存过家庭和公有的稻谷。

农耕使得定居村落的出现有了坚实的物质基础。1972—1999 年，大墩子遗址先后进行了 3 次大规模的科学发掘。这个方圆不到 2 平方公里的小山包由于长年雨水冲刷，河岸断崖坍塌，遗址文化层已被毁坏大半。在近 500 平方米的发掘面积中，发现较为完整的房屋基址 45 座，分为早、中、晚 3 期，有互相叠压、打破现象，建筑式样有半地穴和地面木结构两种。半地穴房屋处于文化层的最底层，是遗址中最早的房屋建筑遗迹。其建造方法是：从地面往下挖一个圆角长方形或圆角方形的平地坑，四周有墙、门道，中心有一根支撑柱，屋顶可能是伞形尖顶。居住面经过修整踩踏，显得很光滑，房屋长 1.8~2.2 米，宽 0.4~2.9 米不等，面积 20~30 平方米。地面木结构建筑则在墙基四周挖沟，在沟内挖洞栽埋木柱，四角的木柱较粗，沟底栽埋的木柱也不很规则。木柱立好后，用草绳、树叶之类编缀在木柱上构成墙的骨架，再用草根、树叶拌泥抹成木胎泥墙。墙壁经过烘烤，呈红褐色，使其质地变硬。木柱的顶端有自然的树杈，用以承接横梁，柱顶交接处用腾绳捆扎固定。屋顶估计是一面坡形，但倾斜度不可能太大，外形很像当今彝族、傈僳族的“土掌房”。

在房屋的近旁，考古学家们发现了 61 座墓葬。这些墓葬大致可以分为 4 种类型：竖穴土坑墓、儿童瓮棺墓、圆坑墓和石棺墓。竖穴土坑墓的墓壁并不平整，挖掘工艺非常粗糙，是否说明这样的问题：那些尸骸的主人们死得非常突然，以至族人们来不及为他们挖好一个体面的墓穴？或者，他们因患了某种疾病死去而被族人们匆匆掩埋？土坑墓里填土松软，而且少有随葬品，是他们的死因所致，还是他们的身份所致？或者，贫穷不允许他们带走生活的用具？土坑墓的葬式更是五花八门，显示了埋葬的随意性，并充满了谜团：有仰身直肢式，有侧身屈肢式，有俯身

元谋出土的恐龙肋骨化石

屈肢式。这些葬式所包含的文化宗教内涵是什么呢？最为奇特的是仰身断肢式，死者的上下肢被砍断，倒置于胸、腹部位或盆骨两侧，脚掌多放置在肩上或胸前。如此诡异的葬法，表达的是什么样的文化含义呢？瓮棺实际是一只大陶罐，一般是平行状埋于房屋周围，坑穴多为倾斜的不规则潜穴坑，这种大瓮是夭亡儿童的栖所。瓮口用石板、砺石或另一陶罐覆盖，瓮棺的肩部或底部往往凿有小孔。学者们推测，把儿童埋葬在房子的四周，表明父母们惜怜孩子尚小，不能远离父母，即使死去也要置于自己监护之下。而在瓮上凿孔，则证明那个时代已经产生了灵魂观念，那小孔就是任孩子的灵魂自由出入的通道。圆坑墓的墓底是圆形，墓内没有随葬品，墓壁向下内收至底，埋葬的是一些幼童的骨骸。石棺墓仅发现1座（四壁为石板），其余5座仅为石盖板，墓坑长40~60厘米，说明埋葬的是儿童，葬式为仰身直肢状。

这些墓葬并不处于同一文化层上，大致是：上层为瓮棺墓，距地面1米以上；中层为石棺墓，距地表1.1~1.5米；底层为竖穴土坑墓，距地表1.5~2.3米。这是不是也说明：人类的葬俗伴随着人类的宗教思想，从简单到复杂、从随意到刻意地发展呢？

令人惊讶不已的是M22号墓葬：死者从头部到脚端，身上共扎入14个石箭镞，有的箭镞扎入骨骼的深处。这一现象让考古学家们浮想联翩：此人肯定是非正常死亡，他没有任何随葬品。那么他的身上为什么扎进这么多的箭镞？他是一个武士吗？如果是武士，他要么是中了近距离的埋伏，被乱箭射死；要么就是一个俘虏，被绑在刑柱上成了敌对一方的活靶子。或者，他成为宗教仪式的牺牲，被某次更大活动当成了祭品……

大墩子人的墓葬讲述的是什么样的文化体系呢？那些奇异的葬俗是怎样产生的？在现在的民族中，我们还能找到相同或相近的文化模式吗？他们的祖先是谁？他们到哪里去了？这些充满神秘和未知的谜团，激起了人们进一步探寻大墩子村民社会文化活动的强烈欲望。

李玥先先生经过长期研究，为我们复原了大墩子村民当时的社会文化生活场景。

大墩子初春的一天。

女人们起得很早。她们结伙到了村旁小河边的稻田里，在头两天用木棍耙平整的田中栽插秧苗。这种艰辛的劳动要持续数日，因为在男人们帮助下，女人们用石斧、石锛开垦的水田越来越多，那些粗脚大手的男人无法帮上她们的忙，播种成为女人们的专利。

男人们仍然出去狩猎，但他们起床的时间显然比女人们晚。整理完

云南马头骨（模型）

飞石弓箭鱼叉之类，他们分成两队，一队进山狩猎动物，一队下河捕捉鱼虾，踏上艰辛的劳动旅程。

留守村中的是些老弱病人及儿童。那些双手还能劳动的男人们常常去打磨石器，他们搬来石片，根据石片的原生形状，量体裁衣，磨制石斧、石锛、石刀、石凿、石箭镞、石球等工具。当然，这种劳动不仅仅是留守男人们的专利，那些外出狩猎的年轻小伙子们也是生产石器工具的主力军，当食物充足、偶有闲暇的时候，他们也会参与到制作工具的行列中来。他们根据自己的需要，会一次生产成堆的石器，以备劳动所需。小伙子们磨制的石斧、石球是非常精致的。这两件石器是他们的常用工具：飞出石球击中猎物，再用锋利的石斧宰杀猎物，而且，他们还用石斧砍回木柴燃料，让村人取暖。

年长的妇女们坐在家中纺织，为族人缝制衣物。纺麻成为妇女们的特长，她们还能利用兽皮缝制出保暖的衣裳，她们的聪慧使她们发现了兽骨的巨大利用价值，她们把那些食用后留下的动物骨骸，磨制成骨锥、骨针、骨凿甚至骨镞，使之成为女人们喜爱的缝纫工具和大家都满意的用具。

有几个人受到村民们的尊重，因为他们会制作陶器。他们要么是村中生产经验丰富的女人，要么就是很有灵性的后生。他们就地取材，用黏性较好的夹沙陶土做出各种陶器，用火烧制成各种实用器皿，有罐、盆、铲、瓶、杯、壶、纺轮、弹丸等等。这无疑是村中技术含量最高的劳动，要掌握这项技艺，要在长者的带领下，经过长期的专业训练。因而，懂得制作陶器技术的人在村中并不多。

岁数稍大一些的孩子们更愿意去饲养家畜家禽。他们结伴到田间村子里寻找野草，饲养猪这种温顺的家畜，并把牛、羊赶到山坡上放牧，至于鸡和狗，则让他们自己找食去。整个家畜家禽的饲养，由有经验的长者统一指挥，孩子们只是充当助手而已，并不是这一行业的主力军。

捕猎者们打猎的品种很多，鹿、兔、豪猪、松鼠、猴、熊等动物都在他们箭镞和飞石打击之下。而捕鱼的男人们则将较大的蚌壳磨制成锋利的蚌刀，用来切割食物和收割田里的庄稼。劳动使大墩子的人们不断地有所发现、创造，离蒙昧越来越远。

特别是随着社会生产力的提高，大墩子人们的物质生活得到了基本保障，开始追求精神层面的东西。

在大墩子，专家们发现了大墩子人的审美轨迹：首先是那些石刀、石斧、石纺轮，都打磨得非常光滑，在今天看来，这本身就是一种精致的艺术品。其次，人们美化那些陶器，例如这里发现的一件石印模，一面磨光，一面刻成斜方格式网状槽，用它印压陶器表面的花纹。这除了说明陶器的批量生产外，也说明人们的审美情趣越来越浓厚。再次，人们懂得了修饰美化自身。遗址中发现石镯一件，用石英石磨制而成，做工精细，是这一文化遗存中较为珍贵的器物。另一种人们美化修饰自己的重要工具是骨抿，遗址中共发现6件。其功用如今日之梳子。这些骨抿呈长条状，刃部很宽，而且通体磨光，说明它使用的频率很高，使用的时间很长。最典型的审美作品是那几件骨制品，计有装饰品3件，骨坠2件，通体带刻纹的骨骼1件，骨管5件，并有不明用途的骨器若干件。就地取材制作的这些骨制品，或许是那个时代大墩子人的“奢侈品”。

每当夜幕降临时，火塘成为大墩子人相依为命的地方。这时，长者们就会给孩子们讲述那些古老的神话。新石器时代的人类，生活在万物有灵观念的支配之下，认为宇宙万物都像人一样具有生命甚至“灵魂”。这种古老的宗教观念，是原始神话的内核。在潜移默化中，孩子们接受了这些神话，并将其作为氏族的传统，一代代地传承下去。当然，许多氏族的禁忌也会在这种讲述中传承下来。这就使每一个火塘变成了原始的课堂，让后代在这里接受氏族内部关于认知的“系统教育”。

大墩子人崇拜的是什么神灵呢？在这里出土的一件石祖是不是讲述这样的精神理念：生存的艰难使祖先们产生了对氏族长久繁衍

元谋人狩猎雕像

的忧患意识，生儿育女成为最重要、最神圣的事，他们因而产生了对生殖器的崇拜？这件高 54 厘米、直径 32 厘米的石祖，置于一间房屋的正中，造型酷似男根！

奇特的墓葬形式，少有的石祖崇拜，使大墩子遗址与其他长江文化遗址明显区别，也给人们留下了诸多难解的“文化结”。

大墩子这个曾经确确实实存在过的远古村庄，生活在其中的人们处于什么样的社会形态中？

一些学者认为，“从房屋结构看，当时人们居住的房屋多是大房子，一般面积在 20~30 平方米，而没有像国内父系氏族遗址出土的一家一户居住的小房子，即婚姻制度还处于‘群婚制’阶段，一夫一妻制的婚姻关系还未确立”。

从墓葬形式上看，“没有一个墓发现夫妻合葬的现象，更没有‘男子仰身直肢，女子侧身屈肢面向男子’的现象，而出土了母子合葬、母子相依而葬的情况。该墓葬的性质可能应为母系氏族社会”。从随葬品上看，大多数墓没有随葬品，说明当时人们的身份是十分平等的。数量偏多的瓮棺，小石棺葬则从另一个方面说明，当时妇女承担主要的家庭生活来源，她们的劳动较为艰辛，流产的情况很多：这些墓葬中有些骨骸仅有 3~5 厘米，说明这些孩子未出生即流产了。另一些墓葬中则是夭折的小孩，婴儿的成活率不高。这些现象说明，大墩子遗址的主人们还处于母系氏族社会之中。（张家华《元谋大墩子新石器遗址的发掘与研究》）

另一些学者认为，“虽然大墩子遗址文化还存在着某些母系氏族社会对偶婚的残余形态，但从房屋建筑规模、发达的锄耕农业、生产剩余现象、家禽饲养、手工业的发展、墓葬等方面考察，显然与母系制相矛盾的，而是进入了父系氏族社会一夫一妻制的阶段，青铜时代的前夜”。（杨甫旺《元谋大墩子新石器时代遗址婚姻家庭形态初探》）

大墩子充满太多的神秘和未知的谜团，它的谜底究竟在哪里？

恐龙的乐土

从最早的三叠纪至最晚的白垩纪，在楚雄州的中生代地层内都能找到恐龙家族留下的遗迹。

看过美国科幻大片《侏罗纪公园》的人，想必都会被雄踞地球霸主之位长达1.6亿年的庞然大物——恐龙，在影片中奇妙复活的情景所惊叹和折服。

其实，亿万年前，楚雄州境内的千里彝山就是恐龙生活的乐土。

中生代时期，楚雄大地上最活跃、最繁盛的就是爬行动物类中的恐龙，它们从三叠纪中出现以后，一直生存到白垩纪末期。在这片古老的土地上，生活了将近1.7亿年之久。在恐龙生存的整个历史时期，它们不断得到发展。特别是三叠纪以后，各类恐龙开始演化、辐射，到侏罗纪和白垩纪进入全盛时代，形成各类繁多的属种。

自1938年在禄丰县首次发现恐龙化石至今，已找到恐龙化石埋藏点数十处，发掘出恐龙化石100余条。全州共发现近15个属50多种的蜥脚类动物群（禄丰44个种），而真正的恐龙也达近10个属20多个种。全州恐龙所处的地位，一是时代早。如禄丰、牟定、双柏等县的大批原蜥脚类恐龙，它们均生存于晚三叠纪至早侏罗纪地层，大致与世界最早的阿根廷恐龙齐名。二是种类较多。目前发现的恐龙中，既有肉食类，也有植食类。体长的可达到20~30

2004 年 5 月省州县联合发掘恐龙化石现场

米，体小的如虚骨龙，只有现代企鹅的大小。三是分布地域广。全州九县一市，除南华和姚安县外，其他县（市）均出土恐龙化石。四是跨度大。从最早的三叠纪至最晚的白垩纪，在楚雄州的中生代地层内都能找到恐龙家族留下的遗迹。

奇怪的石头

元谋因发现 170 万年前的古人类门齿化石及其系列丰富的文化遗存，被称为“天然人类原始社会博物馆”“远古生

命大赛场”，均是无须争辩的事实。自钱方先生的地质锤1965年5月1日在元谋敲开中国170万年前的远古人类历史之门的那时起，人们也许压根儿就没把恐龙与元谋联系在一起。

然而，历史总是在人们毫无心理准备之时给你一个始料不及的惊喜！毗邻四川省会理县的滇北门户——姜驿发现大批恐龙化石即是如此。

1994年5月，元谋县羊街乡甸头村的农民李国华、王云光，在大龙潭水库马家住房前挖掘出一段“稀奇古怪”的石头，便径直送交到元谋人陈列馆，经鉴定确认为恐龙的脊椎骨化石。这是元谋有史以来首次发现恐龙化石的记录。正当人们随着时光的流逝对恐龙的热情逐渐消退之时，姜驿半箐发现大量恐龙化石的消息再次点燃人们对恐龙的热情。

1998年6月，元谋县姜驿乡文化站干部余良忠，偶然收到该乡半箐村农民在暴雨冲刷过后随意拾到的裸露地表的“龙骨”，随即上报元谋人陈列馆和楚雄州文管所。经专家鉴定，确定为恐龙化石无疑。当年12月，楚雄州文管所、云南省考古研究所和元谋人陈列馆，共同组成野外调查队，由省考古研究所研究员郑良先生带队，对发现恐龙化石的地区进行了2次调查。调查中发现恐龙化石点20余处，分布范围较广，东至姜驿乡的贡茶、新海村；南至石

元谋姜驿恐龙椎骨化石

坪子、阿谷租村；西邻姜驿乡政府所在地及羊腊席村；北止于四川省会理县的黎洪乡和江竹乡，埋藏恐龙化石的范围面积约40平方公里。经专家考察，该地区属中生代典型的断裂凹陷区，整个地层由西向东倾斜，倾角在34~36度之间。恐龙化石分布区域内植被稀疏，化石出露状况良好，非常有利于发掘，同时也面临着随时被人破坏、偷盗或自然损毁的危险。是一个可与禄丰盆地媲美的又一大型恐龙动物群埋葬地。

宏大的"公墓"

2000年5月，经云南省文化厅批准，由郑良研究员担任领队，省、州、县3级文物部门组成联合发掘队，历时28天，对姜驿恐龙化石进行抢救性发掘。发掘恐龙化石点5处，出土较完整的恐龙化石1具，相对完整的恐龙化石2具，残缺的恐龙肢骨化石若干，收获颇丰，意义重大。其中在金河村南面的后山梁子出土1

元谋人博物馆恐龙展厅
恐龙模型陈展

具较为完整的恐龙化石，身长约 15 米，身高约 8 米，化石保存数量达 2/3 以上。除头骨因外露风化外，其余骨骼大多保存较为完整，含颈椎 8 个、尾椎 3 个、背椎 15 个，肩带、锁骨、肱骨、尺骨、桡骨、肠骨、耻骨、坐骨、股骨、胫骨、腓骨均较为完整。

此次姜驿发现的恐龙化石类型在云南尚属首次。无论从地层时代还是标本特征方面分析，皆区别于云南境内已知的禄丰龙、金山龙、昆明双嵴龙、易门龙属。在地层时代上，属于中生代的中侏罗世至晚侏罗世。而楚雄、昆明、玉溪发现的恐龙则为中生代的早侏罗世下禄丰组，在时代上要远早于姜驿恐龙。从标本特征分析，姜驿恐龙颈椎前部较长，向后依次递短，前后凹不明显，侧凹收缩角度比原蜥脚类小，关节面较平滑，前骨发育，颈椎上缘有宽大的板状棘，厚度达 5 厘米左右。背椎相对于原蜥脚类显得短而宽，前后关节面平滑，侧凹、前后凹不明显，神经棘发育，较为粗壮。尾椎变得细而长。肩胛骨呈宽板状，两端似扇形，中间收细，边缘锐利，锁骨呈长条形，前后肢比例大体相当，不同于原蜥脚类的前肢短小后肢粗壮。这些特征与云南境内历来出土的禄丰龙、金山龙、武定龙、易门龙、昆明双嵴龙均有明显差异，不属于同一种类。更接近出土于四川会理县及自贡大山铺，地层属于中生代中侏罗世，经研究应为原蜥脚类妖龙科的植食性恐龙四川蜀龙。因此，姜驿恐龙归类为蜥脚类的蜀龙科下的一个新种。具有年代新、种类新、价值新 3 个显著特点，不仅填补了云南境内恐龙化石发现的新空白，而且对研究元谋古人类及古生物的演化过程，尤其是中生代地理环境、气候变化、物种演变特别是恐龙家族的兴衰历程，提供了重要的实物依据，具有无可估量的科研价值。

2004 年 5 月至 6 月底，由云南省考古研究所郑良研究员为领队、楚雄州博物馆张家华、元谋县元谋人博物馆李少

元谋姜驿恐龙肋骨化石现场展示

学等州、县文物部门组成的联合发掘工作队，第二次对姜驿恐龙进行抢救性发掘，发掘出侏罗纪早、中、晚期不同类型的恐龙化石个体 6 个。2005 年 4 月、2006 年 5 月楚雄州博物馆王国付、元谋人博物馆李少学再次组织州县联合调查发掘队对整个姜驿地区开展了普遍调查暨抢救性发掘工作，不仅再次收获丰硕的侏罗纪时期恐龙化石，还新发现白垩纪时期的虚骨龙类恐龙化石，极大振奋了云南古生物科研学界。元谋姜驿，真犹如一个宏大的恐龙公墓!

神秘的死亡和未解之谜

禄丰恐龙公墓、姜驿恐龙公墓给人们留下了众多的未解之谜。楚雄本土作家李玥先生出于对千里彝山大地的热爱，长

❶ 2006 年元谋姜驿恐龙在日本爱之县装架展

❷ 白纪晚期辽东北热河古生物群想象图

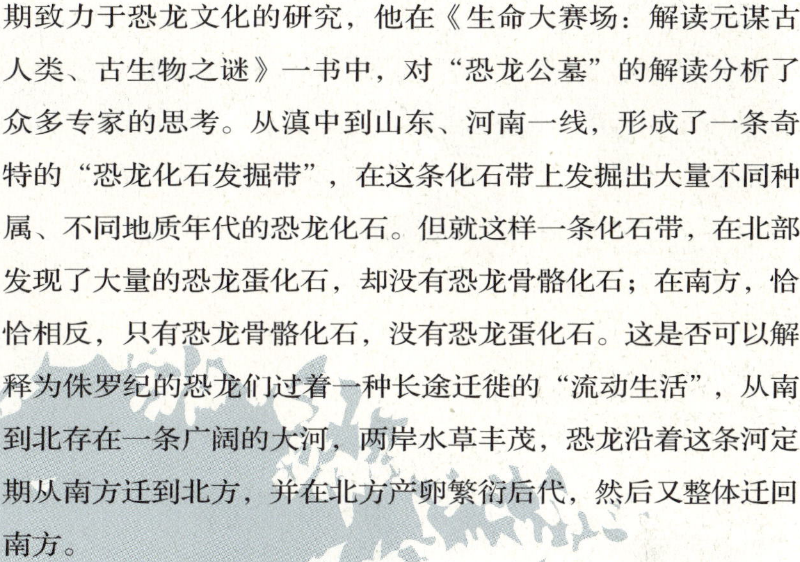

期致力于恐龙文化的研究，他在《生命大赛场：解读元谋古人类、古生物之谜》一书中，对“恐龙公墓”的解读分析了众多专家的思考。从滇中到山东、河南一线，形成了一条奇特的“恐龙化石发掘带”，在这条化石带上发掘出大量不同种属、不同地质年代的恐龙化石。但就这样一条化石带，在北部发现了大量的恐龙蛋化石，却没有恐龙骨骼化石；在南方，恰恰相反，只有恐龙骨骼化石，没有恐龙蛋化石。这是否可以解释为侏罗纪的恐龙们过着一种长途迁徙的“流动生活”，从南到北存在一条广阔的大河，两岸水草丰茂，恐龙沿着这条河定期从南方迁到北方，并在北方产卵繁衍后代，然后又整体迁回南方。

禄丰恐龙公墓、姜驿恐龙公墓发现了如此众多的恐龙骨骼化石，形成宏大的“恐龙公墓”究竟是什么原因呢？是恐龙们把滇中这块土地作为归宿之地，了此一生，还是无法选择的“集体死亡”？为什么大量的恐龙死亡时头都向着东方，当时，东方发生了什么？这一切都令人费解。也有学者提出，姜驿恐龙化石其实存在二次搬运现象，因为不少骨骼化石的表面上有明显的划痕。在侏罗纪时代，姜驿一带是一个低洼的湖盆，有很厚的沉积层。一些恐龙直接死亡在湖盆里，被就地埋藏，保存了较完整的骨骼化石；一些恐龙则死在湖盆的高地上，其骨骼被雨水冲刷到湖盆中堆积起来，形成了规模巨大的“恐龙公墓”。这样的解释似乎有一定的合理性，但问题又接踵而至。地质学家们提出，侏罗纪时代的元谋还是近海地区的一个孤岛，上述这些事情不可能发生。那么，这个巨大的恐龙公墓到底是怎样形成呢？

恐龙是出现于 2.45 亿年前，繁盛于 6500 万年前并突然神秘消亡的中生代爬行动物。其灭绝原因是生物进化史上众说纷纭的一个未解之谜。

❶ 元谋姜驿恐龙化石修复装架及研究

❷❸❹❺ 发掘现场（2004—2006 年）

1. 气候变迁说

6500 万年前，地球气候陡然变得严寒而干燥，气温大幅下降，造成大气含氧量下降，植物死亡令恐龙无法生存。也有人认为，恐龙是冷血动物，身上没有毛或保暖器官，无法适应地球气温的骤降，恐龙都被冻死了。

2. 物种争斗说

恐龙时代末期，最初的小型哺乳类动物出现了，这些动物属啮齿类食肉动物，可能以恐龙蛋为食。由于这种小型动物缺乏天敌，最终吃光了恐龙蛋，导致恐龙没有后代延续而灭绝。

3. 大陆漂移说

地质学研究证明，在恐龙生存的年代，地球的大陆只有唯一一块即“泛古陆”。由于地壳变化，这块大陆在侏罗纪发生较大的分裂和漂移现象，最终导致环境和气候的骤变，恐龙因此而灭绝。

4. 地磁变化说

现代生物学证明，某些生物的死亡与磁场有关。对磁场比较敏感的生物，在地球磁场发生变化的时候，都可能导致灭绝。由此推论，恐龙的灭绝可能与地球磁场的变化有关。

5. 植物中毒说

恐龙时代末期，地球上的裸子植物逐渐消亡，取而代之的是大量的被子植物，这些植物中含有裸子植物中所没

❶ 元谋姜驿恐龙化石

❷ 姜驿恐龙化石发掘

元谋姜驿恐龙脊椎化石

有的毒素，形体巨大的恐龙食量奇大，大量摄入被子植物导致体内毒素积累过多，最终中毒死亡。

6. 酸雨中毒说

白垩纪末期可能下过强烈的酸雨，使土壤中包括锶在内的微量元素被溶解. 恐龙通过饮水和食物直接或间接地摄入锶，出现急性或慢性中毒，最后一批批死亡。

7. 陨石撞击说

恐龙的灭绝和 6500 万年前的一颗大陨星有关。据研究，当时曾有一颗直径 7~10 公里的小行星坠落在地球表面，引起一场大爆炸，大量的尘埃被抛入大气层，形成遮天蔽日的尘雾，导致植物的光合作用暂时停止，植物大量死亡，恐龙因食物短缺而灭绝。

8. 造山运动说

在白垩纪末期发生的造山运动使得沼泽干涸，许多以沼泽为家的恐龙因为气候变化，植物也改变了，食草性的恐龙不能适应新的食物，而相继灭绝。食草性恐龙的灭绝使肉食性恐龙也失去

了依持，结果也灭绝了。

9. 火山爆发说

白垩纪时期，因为火山的激烈爆发，二氧化碳大量喷出，造成地球剧激的温室效应，使得植物死亡。而且，火山喷发，臭氧层破裂，有害的紫外线照射地球表面，造成生物灭亡。

10． 物种老化说

认为恐龙由于繁荣期间长达一亿六千多万年，使得肉体过于巨体化。而且，角和其他骨骼也出现异常发达的现象，因此在生活上产生极大的不便，终于导致绝种。

诚然，恐龙的灭绝原因至今仍然层出不穷，孰是孰非只有等待时间和科学来揭开谜底。

有人做了这样一个形象生动而通俗的比较：如果将地球开始出现生命的 30 亿年作为时间轴，并将其压缩为 1 年，那么，恐龙就出现在 12 月 5 日，但圣诞节的前一天就突然全部消失了。而我们人类则是在敲响新年钟声的前几分钟才姗姗来到这个世界上的。也许，再过“一个月”，另一种比人类更优秀的主宰地球的生物种群也会像人类研究恐龙一样来研究我们吧。

元谋姜驿恐龙复原陈列展示

复活的东方猿人谷

随着建设蓝图的徐徐展开，蕴含着几百万年东方智慧价值的巅峰礼赞，在元谋这块古老神秘的东方人类发祥地上嘹亮唱响。

停滞的科考

2013年9月，《人民日报》、新华网、东方早报网、人民网、网易新闻中心、华夏收藏网等全国各大媒体报道了《人民日报》记者胡洪江的文章《元谋人遗址为何沉寂30年》。胡洪江在文章里这样描述他对元谋人遗址的感受："秋雨过后，野草冒出来，染绿了一层一层的台地，牛、马或立或卧地吃着草，不远处，有老乡赶着一群羊经过。这里不是牧场，这里是全国重点文物保护单位——元谋人遗址。"

"元谋人"牙齿化石的发现，把中华民族的古文明史向前推进了一百多万年，成为中国人类历史的开端，元谋也因此被写进中国历史教科书首页。在后续研究中，从800万年、600万年、300万年前的古猿到170万年前的人类化石以及丰富的古生物化石、各种石器在元谋的相继发现，勾勒出了人类起源和演化的完整链条。然而，多年来集唯一性、专属性和独特性于一身，不存在同质化竞争的云南十大名片之首的"元谋人"

温泉水世界

名牌，似乎空有其名，一直未能给元谋县或者楚雄州带来相应的经济效益。多年来，元谋县旅游业基本靠元谋土林惨淡经营，拥有世界级、国家一流的历史文化资源却不能转化成为经济优势，每一个关心滇中楚雄的人，关心元谋经济社会发展的人，谈起这事，都甚为惋惜。

不仅如此，元谋人遗址也没有得到很好保护。遗址原本平坦的地貌变得沟壑纵横，提起遗址人们都认为那地方很是"荒凉"。缺钱，让元谋人遗址的保护异常艰难。多年来，县里和上级均没有固定的保护经费投入，元谋人遗址至今没有管理用房，没有专职管理人员，没有任何围挡，谁都可以随意进出。当地文管所聘请了大那乌村村民小组长为元谋人遗址文保员，每天至少到遗址巡视 3 次，却没有分文报酬。更棘手的是，随着元谋反季节蔬菜和葡萄产业的发展，文物保护与村民渴望开发之间的矛盾正在加剧。元谋县文物管理所负责人说，遗址所在地过去是耕地，划定保护范围后就禁止深耕、盖房、取土了，村民意见很大。当地的村民说："天天拿遗址当宝贝，地也荒了，又没有补偿，不如拿来种红薯。"

从北京远道而来的《人民日报》记者胡洪江不为叹息地认为，元谋人遗址 1965 年被发现，但 48 年过去了，如今固定的保护经费几乎为零，科教发掘也已经停滞了 30 年。

“元谋人遗址属旷野遗址，面积较大，如果项目资金太少，搞下来也不见得有多少成效。”云南省文物考古研究所研究员郑良说。对于遗址发掘，国家控制得比较严，一般需要由省文物局向国家文物局提出申请，还要有领队资格的单位和专家具体牵头。楚雄州不具备这样的资质，省里近些年也有过零星申报，但很难申请到发掘经费。

有人算了一笔账：楚雄州级财政每年预算20万元，用于全州文物的征集、考古发掘工作，而元谋人遗址的发掘，3个月搞下来就要约100万元，绝非州、县两级财政所能负担。

与国外对于古人类长期的连续性的研究相比，对元谋人的研究似乎已经严重滞后了。

游客到温泉水世界体验

历史机遇的到来

2012年4月27日，这是一个载入云南文化史册的重要时刻：云南省九届省委第12次常委会议上提出依托云南悠久灿烂的历史文化资源，建设元谋古人类等10个历史文化旅游项目，努力推动云南文化大开发，促进云南旅游实现跨越式发展，推动民族文化强省建设。

喜讯见诸媒体，元谋人的故乡热情沸腾，灼热的空气中到处洋溢着喜庆与期盼。

楚雄州委领导表示“要紧紧抓住这一个重要机遇，深入挖掘元谋人文化内

涵，加强元谋人文化的创意策划，为物化活化元谋人历史文化打下坚实的基础。”州旅游局主要领导提出“抽象变具体，把无形变有形，反虚功变实功……通过转变发展方式、发展模式、发展形态，实现旅游产业的转型升级”。摆脱“元谋人”文化的优越感，把文化资源优势转变为经济发展优势，通过文化创意，探寻科考与文化旅游相结合的路子已经成为人们的共识。为此，楚雄州、元谋县联动制定了文化创意的路线图：在挖掘古人类化石遗产的基础上，依托元谋自然风光和人文风情，将古人类遗产与历史文化、旅游文化、旅游产业、城镇建设等有机结合，多产业融合发展，增强古人类文化的吸引力，深度挖掘其文化内涵，开发面向中高端市场、相互紧密联系、文化含量较高的集文化体验、科普探奇、生态居住等功能于一体的旅游新区，打造云南远古历史文化第一名片、具有国际性的中国特色文化旅游目的地。

❶凤凰花开

❷凤凰大道

形象与创意

经过云南省十大历史文化旅游项目策划组的精心策划，以及北京巅峰智业旅游文化股份有限公司的总体规划，元谋县政府成功与山东省菏泽交运集团签署合作协议，由其投资 85 亿元，在元谋县城西部，即东临成昆铁路热水塘村，西与普登河、猛岗河为界，北至普登村，南抵元双公路，用 7 年时间在占地 19.2 平方公里的区域内，开发建设元谋历史文化旅游项目。

通过进一步加强对元谋人及其文化的挖掘、保护、研究，以元谋人及其文化为主线，充分利用元谋人的独特资源，联动土林、热坝、金沙江峡谷等优势资源，深度挖掘其文化内涵，开发面向中高端市场、相互紧密联系、文化含量较高的集观光、科普、文化、休闲、养生为一体的系列旅游项目。尤其是重点推动实施元谋古人类历史文化旅游产业开发区（元谋人温泉古镇、元谋人历史文化园、元谋热坝特色农业观光园）、元谋人国家大遗址公园、元谋人博物馆提升改造等建设项目，把元谋建设成历史文化氛围浓郁的国家级特色旅游目的地。

随着建设蓝图的徐徐展开，蕴含着几百万年东方智慧价值的巅峰礼赞，在元谋

❶ 东方猿人谷

❷ 建设中的凤凰山

这块古老神秘的东方人类发祥地上嘹亮唱响。

元谋古人类历史文化旅游项目的形象定位为人类共祖地——东方人类的故乡。即在原有元谋形象口号“东方人类故乡”的基础上，从东方人类起源上升到五洲古人类文化，打造东方人类共祖朝圣地。

七彩阳光岭——寒冬浪漫的春天。即利用元谋“中国冬旅休闲之乡”这一气候优势，利用宝贵的温泉热流和热坝农业资源，打造全国著名的云南内陆避寒圣地。

项目的市场定位为：将元谋 3 小时交通圈内的乡村旅游、娱乐休闲、养生度假游的中高端客流；到昆明、云南观光旅游、休闲度假的过境游客作为基础市场。将京津冀、长三角、东北区域的避寒养生，中部地区的文化旅游作为核心市场；将我国港澳

台，日、韩及欧美、澳洲、金砖国家作为机会市场。到2017年末项目基本建成后，接待海内外游客100万人次，实现旅游总收入7亿元；到2020年末，规划区接待海内外游客约450万人次，实现旅游总收入40亿元，带动就业人口6.4万人。

项目的功能规划结构为：一心、两带多点、协同发展。即城镇旅游综合服务中心；主题旅游景观带串联重点旅游发展项目，构成多点；将重点项目与旅游综合服务中心协同发展，实现文化旅游度假产业的全面升级转型。

风景这边独好

元谋古人类历史文化旅游项目分为几个片区组织实施：

世界源境文化探奇区。利用元谋人这一世界文化旅游资源，进行深入的文化挖掘、文化延伸、文化创新，从两颗牙齿到体验古人类生活环境，从元谋人延伸至东方古人类祖先，上升至五大洲古人类，将区域打造成世界古人类文化旅游区。

东方古人类共祖祭坛。打造由基座和猿人雕塑组成，基座台阶达170级，以纪念元谋人170万年的悠久历史，在每一级台阶上篆刻相应的人类进化历史的世界级祈福平台，感受同祖同宗的血脉亲情。祭祖坛分为神道、祭台、塑像三部分，总高108米，代表人类福地和人类子孙昌盛，为世界最高的古人类共祖祭坛。

世界古猿谷。以凤凰山东南侧山谷为背景，以五洲人类起源为线索，利用现代光电技术，打造世界上最奇幻的世界古猿谷。区域分为：非洲谷、欧洲谷、亚洲谷、美洲谷、澳洲谷；利用3D技术模拟古猿人生存的热带雨林、稀树草原等场景；利用声控技术辅以野兽、鸟类、流水等声音，增加生动性和真实性；利用全息影像技术，实现游客与古猿的互动，让游客体验穿越到古猿所生存年代的奇妙感受；利用地形打造多种体验世界古人类文明的精彩内容，包括金刚之怒、丛林穿越、狩猎者、恐龙大游行等；利用时空隧道、猿人部落、原始剧场、大水怪、图腾森林、精灵小屋、树屋养生馆，追忆古人类的生活文明。

世界古人类博物馆。以展现古人类文化为主题，突出展现东方古人类元谋人的发展历程，以时间为序，围绕从远古文化起源到对未来人类发展的遐想思考展开，结合区域地形，有效利用基地狭长的深坑地形，打造成最具神秘特色的地下元谋自然文化长廊。

五洲小镇综合服务区。围绕世界源境文化探奇区，在区域东部中央打造集新城形象展示、旅游交通、宣传咨询等多功能于一体的滇川门户上首个大型3D展示综合服务中心。

凤凰商街。取凤凰山命名，与周边的凤凰精品酒店群等共同打造具有五洲建筑风格的主题商业街。

龙山云岭温泉度假区。围绕基地内的另一大核心资

源——元谋冬季热区资源，结合元谋县特色的生态农业资源和热水塘温泉资源，打造龙山云岭温泉度假区、热坝田园山谷休闲区。

猿臂悬挂温泉酒店。以元谋人文化猿臂为元素，结合陡峭的悬崖为特色地形，打造世界上最惊险的温泉——3至4个环状悬崖泡池，形同猿臂，游客可以一边泡温泉，一边俯瞰元谋田园胜景。

龙山颐谷。利用元谋冬季宜人的气候与绿色生态食材资源，在项目地最私密的西北角，打造集旅游、度假、医疗、康体、养生于一体的全产业链养生、养老产业综合体，使之成为世界最绿色的养生度假区。

热坝田园—山谷休闲区。打造世界上最艳的七彩花山。以元谋特有的经济花卉为元素，一花一色，四季花开，形成最美的七色花海。

冬早蔬原。依托元谋冬早蔬菜之乡的产业基础，打造冬早蔬菜基地，为新城提供生态田园景观。

耀世彩云之南

未来区域形成6个世界第一：世界最奇幻的古人类起源文化园区——世界古猿谷，世界最高的古人类雕塑——元谋人塑像，世界最惊险的温泉——猿臂悬崖温泉酒店，世界最绿色的养生度假区——龙山颐谷，世界最艳的七色花海——七彩花山，世界最美丽的热坝农业区——冬早蔬原。

通过人类共祖祭祀典礼、元谋文化科普节、温泉养生文化节、花海田园民谣节、元谋人国际学术研讨会、元谋古人类文化旅游论坛、国家养生创新发展论坛等文化盛典，将其建成国家AAAAA级景区，国家级旅游度假区，全国特色景观旅游名镇，云南省“城镇上山”示范区。

我们有理由坚信：全新的东方古人类文明史诗，将在元谋人的故乡恢宏呈现，耀世彩云之南。

我们更有理由期待，东方猿人谷将崛起为中国文化旅游的新坐标。

❶热坝田园

❷远眺

第二章 人神伊甸园

元谋地处滇中腹地北部，形如肾脏。东山远眺，元谋坝子白气蒙蒙，恍若烟海，龙川玉带，九曲回旋，野壑村烟，水星点点，西山层岭逶迤如浪，奔腾翻滚；远山、蓝天共为一色，山连天，天连山……正是“迢迢一迳自西来，曲磴摩天古道回。莫谓蛮荒少山水，丹岩翠嶂即天台”。

龙川江，元谋热坝的母亲河；金沙江，华夏民族的母亲河。巍巍凉山，丹岩翠嶂；疯神捏就的地质奇观——大美土林，魔幻蛮荒，吸引着一批批四方旅人；一山佑两水，起舞弄清影，造就这一方活力热土，香甜富庶美名扬；山腰林间，道尘飘飘，佛禅袅袅，正是：山川合奏交响乐，人神共畅伊甸园。

天地奇观 绝美土林

文化楚雄 THE CULTURAL ASPECTS OF CHUXIONG

地质奇观，元谋土林，金沙烨烨，祥云金粟，神工瑰彩；雨刻风雕，远近高低，虚实雄浑，奇绝幽幻，鬼斧神工，壮哉美哉，大美土林！

1638年农历十二月初六那个“云气少翳”的早晨，刚刚病愈而身体仍旧非常孱弱的明代大地理学家徐霞客，在元谋马街滞留5天后，从庄房村前的法那禾渡口渡过龙川江，再从热水塘村南翻越凤凰山，由普登村南渡过勐岗河，要取道新华西探大姚。渡过普登河，他在《徐霞客游记》中写道：有枯涧自西来，其中皆流沙没足，两傍俱回崖亘壁，夹峙而来，底无滴水，而沙间白质皑皑，如严霜结沫，非盐而从地出，疑雪而非天降，则硝之类也。路当从涧底直入，诸僧之前驱者，误从南坡蹑岭上。上一里，见其路愈南，而西尖在西，知其误，乃与僧西北望涧底攀崖下坠……他，没想到，西出普登，他们就陷没在艳阳下金灿灿的大片白沙与林立的黄土柱构筑的魔幻世界里……

那“流沙没足，两傍俱回崖亘壁”的“回崖亘壁”即非岩，也非石，而是三百年后才有名的“土林”。流沙没足，白质皑皑，如严霜结沫，非盐非雪的涧底之路，就是直入班果土林的路径。徐霞客可谓是第一个沉迷在土林里的人，可惜身体不佳的他只是迷路，没有“迷景”；这位伟大的地理学家眼中观察的是山脉水系，游记里记录最多的也是山纹水貌；土林，就这样遗憾地目送一位伟人西去……

早在 20 世纪 70 年代，母亲带着年幼的我回外婆家走的就是徐霞客走过的这段路，我们那时把它叫作“沙沟箐”。远远望去，以为是一条白色的河流，待走近它，你就只看到细细的厚沙地。脚踩下去，细沙立即淹没脚面，前脚陷进去，后脚提起还着不得力，走不出多远，就觉得浑身的力气被那些沙子吸干。

今天的龙川江与勐岗河都不会挡住你探访的路了，4 月中旬的一天，我带着童年的记忆，骑上摩托车沿凤凰大道跨过凤凰大桥来到凤凰山顶的温泉小镇。在小镇的街道上向西北眺望，越过勐岗河，约两公里宽、十来公里长的银白里泛着灰黄的区域，一定会使第一次见到的人好生讶异：是什么西部大开

发项目吗，抑或是地球身躯上烫出的一道伤疤？

你不必讶异，这就是元谋班果土林，位于云南省楚雄州元谋县，它离县城直线距离不过5公里，只是被县城西边的凤凰山挡住了视线而已。与陆良彩色沙林、石林县石林并称“云南三林”的元谋土林，主要分虎跳滩、班果、新华三个景区，总面积约50平方公里。土林，是流水侵蚀地貌的特殊形态，水土流失的艺术结晶。

我向着已推出初步路基的灰黄大道下去，左侧的山坳里正在推“东方人类祭祖坛”的地基。这“东方人类祭祖坛”遥望着几里外的班果土林，似乎隐喻着人类从蛮荒走来的伟大与艰辛。

走进班果土林，我只能感叹：曾经以沙沟箐为核心路带绵延七八公里展开的班果土林，基本上半存半亡。

我穿过平田街，顺着元谋到大姚的公路向新华乡行进。三四公里之后，公路向西转入一个山谷，清凉的风迎面而来。再往前进入山谷深处，一道百来米高的大坝堵出一座水库，这是弯腰树水库，风有点紧，水面碧波荡漾。凉风如同新华坝子派出的使者一路接引着絮叨着，梳理着我的心情。从新华坝子中间的河尾水库东岸，有直抵浪巴铺的弹石路。道路东边的土山怀里以及水库边出现几处很养眼的土林，这些散落分布的土林，让人对浪巴铺景区更增添了几分急切。河尾水库的水不太清，东岸、南岸都有大量的泥沙注入库区。过完了水库，向东南爬上一道梁子，便进入浪巴铺土林景区。景区南面是勐岗河河谷，连接牟定，西面群山阻隔，接大姚赵家店乡，东边一座小山半腰缓坡上的浪巴铺村，曾是古时驿道上的驿站。

浪巴铺土林景区集中在约 2 平方公里的区域，走在外环线，有几处凸入景区的观景台，从这里俯视、远观土林景区。它集中在一个山塆里，从东南高坡地势下陷，往西北展开大口子，土林地貌大体呈现 U 形。口子处是一个小型水库，库中积水颜色呈浑浊的黄色，土林的土柱、土峰主要就分布在 U 形的环圈与中心沙地、沙滩的交接处。

站在观景台遥望，蓝天白云衬着从远到近的层次由黛转青又泛黄的山色，色彩极为丰富，即使是最挑剔的摄影家、画家，也一定能在这里在不同的时间段找到自己心仪的美景。站在观景台，以土林为背景拍摄留影，照片上背景的

❶ 元谋全景图

❷ 元谋土林

苍凉空阔与人的孤单微渺形成极大的反差，也传递出对比强烈的美感。这里的土林高大密集，类型齐全，圆锥状土柱发育尤为完好。有状如圆锥者，有状如丛峰并峙者，有状如城垣者；有的土柱如剑如戟，直指苍穹。有一座土柱形似一尊观音背对西方，前列着高低错落的众多土柱如同正接受教化的芸芸众生。最为醒目的是邻近水库的那尊土柱，身形壮硕，高大挺拔，威风凛凛，后面跟着一队队身形稍小者，像是一位将军统领着欲征战沙场的部队正向着西南集结冲锋。义无反顾的将军以及他的土兵们，身陷沙场，化作泥沙回归地表，不也正是必然的归宿吗？一些雪峰状土林规模较大，高达四十来米，是土林单体土柱之冠。色彩上，顶部多为紫褐色，像是被太阳烤煳的毡帽；中上部为灰白色，中下部以黄色为基调，其间夹有褐红、灰白、棕黄、灰黑、殷红等色。

进入土林，你就深入了另一种世界：除了自己的脚步声，土林里异常的寂静，在澄澈得像大海似的蓝色天空下，无数黄色土柱头顶赭色柱冠，高大雄奇，坚硬如铁，绵延不绝地幻化出万千姿态，

在高原明亮的阳光照射下伫立，生发出一种奇特的气氛，令人油然生出莫名的惶恐和敬畏。它们静纳万古，沧桑千秋……从土柱、土峰上冲刷下来的泥沙，平整的地方已被人们开成了地，种上了桃树，低洼的地段混杂的黄泥较细已被雨水冲刷而去，留下较为粗粝的白色沙子铺满沟底，在阳光下泛着烨烨光晕，似乎在慢慢流淌。行走在干涸的河床、高耸的土柱间，强光下的土林让人目眩神迷，照片上的你也会染得一脸金黄。

浪巴铺土林的沙泥是流失得最为严重的，除了沿着山坡的一圈土林群落较密集外，其他的土壁、土峰、土柱，身旁都显得很空阔。在景区中心休息亭前面，一尊粗壮的土柱孤立无朋，四周是开阔的平地，空旷的平地衬托出土柱的挺拔雄奇，也平添了孤土孑立的清丽。沟箐边的一些土柱继续承受着雨水的侵蚀，或是身上刷出裂隙，大片的土块正要脱落；或是柱脚被流水淘空，身子半悬，有的土柱已是明显的倾斜，也许一场雨或者一次地震它就将倒塌，化作尘泥。

土林欢歌

在浪巴铺土林住了一宿，第二天一大早我驱车从地处永

仁、大姚、元谋三县交界的大河边村绕到虎跳滩土林。一天两夜连绵不停的雨，使我滞留到第三天早晨才得以进入虎跳滩土林景区。

物茂虎跳滩土林是元谋土林群落中面积最大、景色最为壮观、发育最典型、色彩最丰富，也是最早被开发的一座。虎跳滩土林总面积近 10 平方公里，景点分布在主沟和一些支沟两侧，主沟总长 4000 多米，道路迂回，步步引人入胜，哪怕是一条看似不起眼的岔沟，四周的峰峦间也会掩藏着奇妙景观。你不妨顺着白沙铺就的路沟走进去，它一定会给你意想不到的欣喜。早有想象力丰富的人为这些土林命名，诸如：小西天、土司城堡、仙女宫、定海神针、海市蜃楼、罗马帝国、凌霄宝殿、东海龙宫等。其实，你不必拘泥于那些名字，它们反而会成为你贴身体验美景的障碍。顺着步道进入北部的景区，这里的土柱造型千姿百态，像一组组工程巨大的艺术群雕，如屏风似瀑布，各种形态的土柱错落有致，沟壑纵横，又像一座壮丽的城堡。30 年前土林尚未开发时，我带着几个外地来的同学，就是从一个一人多高的大孔洞爬上那城堡的高处的，有三个女同学还是我将她们提深井水桶似的提拔到高台上的。那时候的土林沟箐中处处倒卧着粗大的树木化石，栩栩如生的树化石，让你忍不住想把它们扛回家去做出什么家具，或是烧火做饭。不过你真的想要拿起它们，即使是力能扛鼎也未必拿得起半米长的一截。粗大的树化石，诱发思古之幽情，那时的土林应该是“原始森林”，

茂密的森林、碧绿的草地覆盖之下，谁会想得到有这么深厚的黄土？有堵高悬的土垣墙已被雨水从半中腰穿透，形成一道洞穿前后的空门，不知要留给谁去穿行。

虎跳滩土林景观以群体造型为主，雄浑粗犷，成群连片，风格迥异，收放自如。漫步景区，原始、荒凉、粗犷，沙沟、荒山、幽谷构成一个蛮荒的世界，风光别具一格，给人一种原始的美，粗犷的美，具有很强的吸引力。单体土林的自然造型或似人，或似物，三分形态，需要你用七分想象去完备它的神韵。你看，那土柱上蹲着的不就是一只蛤蟆吗？它正在呱呱鸣叫，似在祈雨。你瞧，那土

树上站立的不就是一只小猫吗？它尾巴直竖，像要上树去捕食。你望，那绕着一个空谷蹲坐着的不就是一个狮子的家族在召开什么联席会议吗？它们有的昂首傲视苍穹，有的张口诉说幽情，有的眼神迷离沉醉，有的似在倾听思索。这些正是土林风景区的主要景观和重点观赏内容，惟妙惟肖的沙雕泥塑，在培养着你的想象力。你只有静观，同时让自己思接千载，视通万里，你才会和土林身心相应。没有全身心的投入，你就无法审视土林的美。有一处景点被命名为“一线天”，你需要攀上路旁的土坡，从土柱环绕的裂缝钻进去，仰头而视，四面是极有层次的土壁，一层是小石子与细沙，一层是黄白相间的土，一层由拳头大小的石头结成，一层是红土，最顶是较薄的赭褐色组合层，只在几十米的顶部亮着一小道天。置身其中，息思静虑，你真会嗅到黄土泥沙渗出的远古洪荒的气息，大地的深度挖掘到如此的极致，沧桑在这里袒露无遗。细细观察，那些被细沙包裹的石子、石头与现在地表流淌的河床中的沙子、石子、石头无异，而那层红土，不就是被洪水冲刷于江河湖泊水底的沉积？不到这样的地方，不钻进土地的深处，你怎知各色地表之下收纳着沧海桑田的秘密？

元谋土林

有永恒吗？有，你看看那壁立千仞的土柱依旧是泥是沙是石的组合，它们与平铺于地面的泥、沙、石无二无别。有永恒吗？没有，你多来几次土林，你就会发现许多土柱造型在悄悄变化。土林土柱没有稳固性，它们泥沙铸就的身体易于流失，今年你说它是什么，也许明年就不是了，也许三年五年干脆无踪无迹地消失，只留下一堆白沙黄土，让你再也无法追忆虚幻的昨日。

白沙黄土，植被稀疏，水源奇缺，气候燥热的独特环境，有别于青山绿水、鸟语花香。独特的环境，吸引着众多画家前来创作写生，摄影师前来捕捉闪光的一瞬，土林也就成为电影电视摄制组的外景基地，著名电影《无极》《千里走单骑》外景就是在这里拍摄的。

土芽、土笋、古堡、铁帽，一尊尊土柱就是一座座刻满亘古沧桑的雕像，它们默默注视着轮回在时光里的芸芸众生，给你一

土林奇观

张张琢磨不透的脸。几百万年，它们并非自古如斯，它们从茫茫厚重的土层，借着雨的冲刷、风的梳理、日的照射，出落得各具神韵。有多少兄弟姊妹从身旁从身上脱离，有多少身边的伙伴随流水远走他方，只留下它们让人赞叹的身姿。

土林，用破损的手法、朴素的色调、粗粝的质地，展示在你的眼前。漫步炎阳下的土林，你会皮肤焦灼，你会燥热难忍，你会嗓子冒烟，你会难以呼吸，你会有一种要远离的冲动。这时的土林，不会给你什么温润柔情，不会给你清风，不会给你凉阴。它不是什么鬼斧神工，而是天

❶ 土林

❷ 土林彩虹

地造化，摩挲这袒露胸襟的土层，它们粗硬结实。它不负责让你悦目赏心，它只提供一种触及大地深处的可能。这样的格调，使得不少喜欢在旅游中寻找舒适与享受的游人认为来得不值。这也难怪，土林的美不是娇柔媚俗的秀美，而是惊世骇俗的奇美壮美！它以厚重的黄土白沙形象地演绎地球成住坏空的实像。徜徉在梦幻般寂静苍凉的土林里，随着风，伴着雨，炙着炎阳，罩着热浪，你的感受力，你的想象力，你的精神意念，会在身体的焦灼不安中飘飞出去。去拥有这天地大美的魂魄悸动和感激，去练就超越此间世态冷暖沧桑的放下与胆识，去拓展顿悟博大生命的胸襟与气度……如果，你是想来土林寻找舒服、感受惬意，你可能会失望；如果，你是来土林接受自然的洗礼、心灵的震撼，你定会留下永不磨灭的记忆。

元谋土林，是地、水、火、风机缘和合的旷世绝作，它的每一个姿容都将是无法复制的绝响，只有你的镜头，你的画笔，你的目

光，你的脑海，才可以留驻它的芳容。唯有这样的浑厚泥沙组合沉积的地，唯有这样的狂风裹挟着急雨的水，唯有这样的炎阳与炙热挥发的火，唯有这样粗狂凌厉的风，才能雕刻出这样美妙绝伦的地质地貌。

土林，是大地母亲以黄土白沙为语言，对天地宇宙生成的现成说法……因黄土而成，又回归黄土，天地之间，又何止土林？像什么或不像什么，正是土林的魅力所在。

❶ 三角梅

❷ 苴林印象

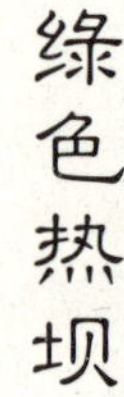

绿色热坝

有一首歌，让人难忘，是因为它动人撩情，思绪翩跹；有一个地方，令人神往，是因为它独特神奇，魅力无限！

打造全国高效节水灌溉示范县

冬季到元谋来看菜。艳阳高照、天蓝云白、惠风和畅、瓜果飘香。长满鲜活蔬菜的田野一碧万顷、鸟雀欢唱的果园欣欣向荣；攀枝花醉红了漫天云霞，酸角树在暖风中布置酸甜的暗香。雷应山苍绿青翠、雄峙于东；龙川江温柔清亮、蜿蜒于西；金沙江奔腾咆哮、穿越北岭；三月三山梁秀丽多情、绵亘南方。在这个温暖的怀抱中，善良勇敢的人们在辛勤的劳作，欣喜的收获着希望。一车车的瓜果蔬菜，带着新鲜的体香，走出田野，踏上京昆高速公路、成昆铁路、108国道奔向远方。他们耕耘着一大片肥沃的土地，面对妩媚的江水，背靠雄性的山峦，内心柔软，脊梁坚强，生活富裕，从容大方。

这是金沙江南岸一个典型的云南高原盆地，充满火一般热情的坝子。隆冬时节，天寒地冻，万物龟藏。北方正是“千里冰封，万里雪飘”的景象，而这里却是“金沙水泊云崖暖”“商贾云集收菜忙”！这里就是世界著名的“东方人类故乡”“冬早蔬菜之乡”“冬旅休闲之乡”——元谋。

冬天，走进元谋热坝，我们就走进了绿色的海洋。番茄、无筋

豆、南瓜、丝瓜、葫芦们爬上了高过人头的菜架；洋葱、香葱、牛蒡们一片片灰绿铺向天边；彩椒、茄子、紫甘蓝们争奇斗艳；甜脆玉米在高原冬日的蓝天下拉开了青纱帐；蜜枣石榴跑到舒缓的东山坡建起了温馨家园；大青枣黄绿透亮、冬芒果饱满鲜香、香蕉们撑开了丰硕的手掌、火龙果如一个个红色的火球在碧绿的枝条上燃烧……它们或青翠，或红亮，或奶白，或粉紫，或嫩黄，或火红，或百媚千娇，或威武粗壮，或参差披挂，或一柱擎天，千姿百态、五彩缤纷，让你目不暇接，流连忘返。走向一望无际的绿色大菜园，走进绿荫匝地的塬陇之间、林果园里，站在蓬勃生长的植物身旁，你的身心将被绿色淹没，你的眼睛会被蔬菜瓜果点亮，你的灵魂将会回到生命涌动的梦幻故乡。

❶ 奥运“中国印”

❷ 彩色花菜

❸ 设施农业：大棚黄瓜长势喜人

这是一个天然的温室，这是一个无公害的种植场。温暖的气候、优良的种子、天然的种植，使得反自然季节种植出来的却是最自然的蔬菜水果。在元谋所有的农资商店里，你不可能找不到一种剧毒农药，因为凡被国家禁用的药品都被严厉限制上市，化学防治在杀灭害虫的环节中早已被摈弃，这里采用的是无公害的物理防治和生物防治的技术。一片片黄板诱杀片在墒陇间时隐时现，一瓶瓶昆虫性诱剂在菜架上随风飘荡，一排排电子杀虫灯在田间地头整齐地排列。在元谋冬天无边的暗夜里，田野花香风暖，夜色温柔，杀虫灯们在菜地果园里闪闪烁烁，排兵布阵，成为元谋冬早果蔬们最忠实的守护神。他们捍卫了元谋“全国无公害农产品（种植业）生产示范基地县”“绿色A级蔬菜示范县”“云南第一个出口蔬菜基地区域化备案县”等认证品牌。

这是一个没有冬天的国度，这是一个富裕的天堂。据有关部门资料显示：目前元谋绿色蔬菜产业已经形成规模化种植、商品化生

❶元谋小枣

❷工厂化育苗

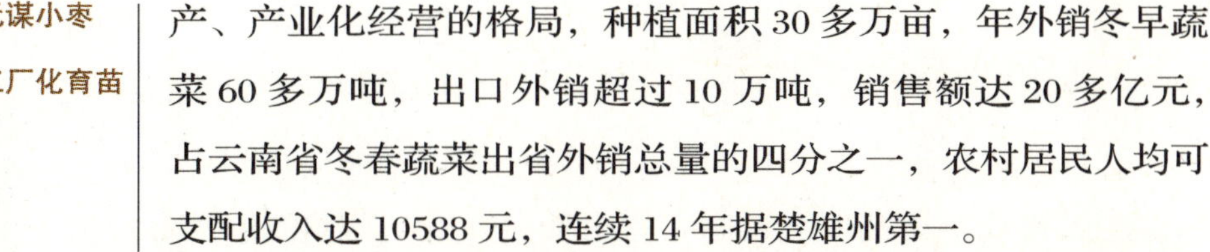

产、产业化经营的格局，种植面积 30 多万亩，年外销冬早蔬菜 60 多万吨，出口外销超过 10 万吨，销售额达 20 多亿元，占云南省冬春蔬菜出省外销总量的四分之一，农村居民人均可支配收入达 10588 元，连续 14 年据楚雄州第一。

元谋从一个南方边鄙小县成为云南省最大的冬早蔬菜主产区，全国南菜北运的重要基地，人民安居乐业，依靠蔬菜富甲一方，辉煌的背后，是一代元谋人经过了近 40 年的艰苦努力。他们永不言弃，几度波折、历尽艰辛才得以完善的经历，是一个集一代科技工作者智慧、全县领导干部群众之力不懈努力奋进的过程，也是元谋人勇于开拓，敢为人先精神的显现。这个故事说起来既古老而又年轻……

元谋蔬菜的故事。蔬菜，土地娇生惯养的女儿，是一个温馨美丽的名词，她让我们想到的是母亲温暖的眼神、她手中用爱心泼洒出来的甘霖，还有她身后袅袅炊烟下我们幸福的家园。在元谋这个幸福的大家园里，土地的女儿们备受呵护，漂亮而又健康。

钱方先生说，元谋有天下第一烧烤，天下第一蔬菜。170 万年前，祖先们就在这片土地上烤野味，烤野菜，后来就加进了养殖种植的肉类、蔬菜类；有人还说元谋是农耕文明的发源地，蔬菜种植历史悠久，当元谋古人群发展壮大，有限的野生食物不可能再满足群体生存需要的时候，除了四处开支散叶，留下来的人们只能发展种植养殖业了，而蔬菜种植是必然的事情。这虽然难以做到清晰的考证，但是元谋人在古人类不同发展历史阶段都留下了痕迹，被称为“天然人类原始社会博物馆”，这已经是不争的事实。这应该说明，我们的祖先非常留恋这个大自然恩赐的天然温室，早已在这片东方神秘的大地上开始了狩猎活动、农耕活动，包括蔬菜种植。

元谋蔬菜的种植，明确的历史记载是清康熙年间才出现的，当时全国能种植的蔬菜种类，在这里都能种植。但一直到

1965 年，都只停留在自给自足、自产自销的状态，没有形成外销经济。即使后来修成昆铁路、108 国道期间有大规模的种植，也只是在内地供给施工军民，随着建设项目的完工，大国模蔬菜种植也就退出了历史舞台，但冬蔬菜能给集体经济带来收入的印象已经深深地扎根元谋人的心里。

一张订单唤醒了沉睡的热坝。1977 年秋，昆明罐头厂突发奇想，欲利用元谋热坝优势资源种植制作果酱罐头专用的羊奶番茄，他们经过充分的考察了解后，与元谋贸易公司菜站签订收购合同，沉睡了十几年的冬早蔬菜经济又让元谋人沸腾起来。元谋县在元马镇官能村等龙川江沿岸社队组织试种，共种植 722 亩，因缺乏经验，管理粗放，仅成功 220 亩。番茄成熟的时间到了，昆明罐头厂却迟迟不来收购，经过催促后才得

1

2

知，昆明罐头厂未能投产，不能再收购预定的番茄了！这可急坏了菜站的负责人 。后经过多方的协商解决，由昆明市蔬菜公司收购了元谋番茄 130 吨到昆明蔬菜市场销售。元谋终于迈出了外销商品蔬菜的第一步！元谋也为此引起了北京、上海蔬菜公司以及省、州、县领导的关注。北京、上海蔬菜公司先后到元谋考察，省糖烟酒蔬菜公司也派人到元谋县贸易公司菜站共同研究“南菜北运”发展事宜，发展冬番茄种植工作。这

❶ 发展小香葱种植
❷ 规模化种植
❸ 希望的田野

为元谋冬早蔬菜成为京城“贡菜”，元谋成为国家重要的“南菜北运”基地奠定了坚实的基础。1978年秋，元谋成立蔬菜公司，负责发展蔬菜生产购销，建立蔬菜种植示范基地，种植冬番茄520亩。北京市蔬菜公司、昆明市蔬菜公司分别派出技术员到元谋指导冬番茄种植。进入冬季，第一次组织意在推广发展的现场观摩会，许多渴望学习新技术的生产队派员到场参观学习。“首选良种、培育壮苗、改善栽培、加强植保”的16字科学种菜经验在元谋推广。

这年，元谋蔬菜获得丰收，共运销北京60吨，昆明240吨。实现了天然温室与南菜北运热情的相拥。

也是这一年，影响元谋蔬菜发展的重要学者、云南农业大学教授蔡克华应邀来到元谋实地考察，并于次年2月向省委、省政府提出“把云南的‘天然温室’建成冬番茄生产基地”的建议，得到了各级领导的重视，省委召开扩大会议专题予以讨论，充分肯定了建议的可行性，并做出重要的指示。省州有关部门派出干部协同

元谋进行调研，制定规划。省“七五”经济和社会发展规划中，元谋在全省七个热区开发重点县市里位居第一。至此，元谋的“天然温室”正式向全国人民打开了她温暖的怀抱。云南农业大学教授蔡克华，省园艺所农艺师周小平、赵宏辉到元谋开始了“冬番茄栽培研究”，并试种茄子、甜椒，取得了重大进展。此后，元谋高度重视冬蔬菜种植引导与鼓励，加强经营领导，扩大生产基地，引进美国洋葱等新品种种植，历尽艰辛，取得了难能可贵的发展经验。

七年五失败叩响成功之门。1977 年至 1983 年的 7 年间，元谋共推广试种番茄 14500 亩，仅有 2 年获得正常收益；试种洋葱 1113 亩，鳞茎不膨大座头少，仅收获 512 吨。究其原因：自然因素是阴雨低温灾害、霜冻，特别是 1983 年发生三百年一遇的大雪天气，菜农损失惨重；技术因素是良种培育、生产季节的把握、病虫害防治技术的掌握。面对损失、面对低潮、面对瓶颈和障碍，元谋人没有退缩、没有彷徨，也没有狂热的坚

元谋辣椒

持蛮干，而是选择了冷静的反思，努力寻找解决问题的途径。省、州、县领导及时调动技术部门给予元谋积极的支持帮助。专家们通过多方考察、严密论证后得出结论：元谋坝子地处干热河谷地带，为南亚热带气候，光照充足，四季不分明，罕见降雪，极少霜冻，平均气温22.9℃，水利条件好，是全县的粮菜果主产区，农作物可一年三熟，是典型的“天然温室”。完全适宜喜温蔬菜种植。大春种稻，小春种菜，冬闲变冬忙，小春超大春，大有希望！1983年12月13日，三百年一遇的大雪刚刚融化，在楚雄州科委，元谋县政府共同主持的冬早商品蔬菜技术开发调研会上，当着北京、上海、昆明以及省内外几十家蔬菜公司负责人，专家团队发表了以上结论！从此，元谋在省州县领导的支持下，放开手脚向成功的目标大力冲刺，下死决心，背水一战！州政府拿出补贴鼓励农民种植冬蔬菜；北京市蔬菜公司全部包销元谋冬蔬菜、提高收购手续补贴作为元谋蔬菜发展基金；成立“元谋冬春早蔬菜技术协作组”，聘请省州技术部门、蔬菜销售部门29人组成工作组开展指导工作；组建专家团队，聘请技术顾问，聘请6位技术人员为蔬菜生产辅导

喜获丰收

造型各异的瓜果

员；建立南繁种子基地，引进培育新品种；县农场 50 亩耕地作为“省、县蔬菜实验示范基地”。1987 年省政府决定在元谋建立省农科院热区经济作物资源圃；1988 年 4 月，元谋被中国农业科学院列为全国南菜北运四大商品蔬菜生产基地之一。元谋蔬菜产业更是如虎添翼，走上了日臻完善的境地！经过三年的艰苦探索，在良种选育、移栽节令、种植技术、病虫害防

蔬菜交易市场

治等方面都取得了重大技术突破。冬早蔬菜品种大量增加，计有：番茄 48 种、菜豌豆 4 种、花菜 19 种、黄瓜 14 种、辣椒 19 种、青笋 3 种、茄子 4 种、菜豆 5 种。种植面积迅猛扩张，1985 年首次突破外销蔬菜万吨，1987 年突破 10 万吨。1990 年，元谋外销蔬菜总收入突破了 3000 万元，总量超过云南外销蔬菜总量的 50%。面对庞大的交易市场，元谋及时调整了交通设施、交易设施。几年间共在尹地、江边、能禹建成 3 条蔬菜铁路专用线，在能禹建成占地 91.4 亩的“元谋外销蔬菜批发交易市场”。至此，元谋冬早蔬菜自身的所有问题全部解决完毕！元谋冬早蔬菜日夜不停地走出高原坝子，走向全国各地，甚至走出了国门。

小家庭对接大市场。发展的道路没有一蹴而就，也没有一劳永逸，面对发展，元谋永远在路上。市场的千变万化需要我们做出相应的调整。当元谋终于完成自身建设问题，当元谋冬早蔬菜产值终

大花园

过亿元大关，当元谋被国人誉为“金沙江畔大菜园”“挂在成昆铁路上的菜篮子”的时候，国家经济结构开始了大调整，国有商、供销社、个体商、铁路部门等多家经营竞争的局面形成。其他地区的蔬菜种植，北方大棚蔬菜种植也开始走上市场，竞争日益强烈。生产成本、出品时段、天然绿色成为元谋适应市场的优势；商品质量、生态效益、经济效益，打造元谋特色品牌成为元谋蔬菜生存发展的保障。元谋在做好市场引导，处理好“粗菜”“细菜”，大宗、小宗商品菜关系的同时，又荡开一笔，充分发挥热坝优势，大力推广香蕉种植，引进龙眼、芒果、咖啡、印楝、莲雾、杨桃、火龙果、大青枣试种，发展热带林果种植，取得了成功。其中，香蕉、火龙果、大青枣成为元谋冬季水果的主打品牌。1999 年 12 月，中共元谋县委做出了“巩固大菜园，建设大果园，培植大花园”（建设“三大园”）的决定。大菜园以提质增效、引进良种、提高生产技术、深度加工开发为目标，实现总产值超 2 亿元。大果园以种植香蕉、龙眼、咖啡、早花生为重点（随后又引进扩大台湾大青枣；美国红提、黑提、青提种植），成为产值上 2 亿

元的新兴产业。使元谋一家一户的小生产形成了大市场，总体形成了规模种植，具备了巨大的市场竞争力。2000 年 1 月 12~16 日，举办了首届“元谋蔬菜节”，邀请省内外 1000 多位客商及科技工作者到元谋参观考察、座谈。中央、省、州 23 家新闻单位 60 多名记者对元谋蔬菜节进行了广泛而集中的宣传报道，成功宣传了元谋，直接促成了云南华康速冻食品有限责任公司在元谋正式投产。元谋蔬菜品牌再次叫响全国。

进入 21 世纪，特别是中国加入 WTO 后，我国经济市场格局又发生了巨大的变化。先进科技已经在全国推广，元谋多年探索成熟的技术优势不在，国家加大了对北方区域蔬菜发展的支持力度，北方大棚蔬菜迅速崛

起。“南菜北运”蔬菜种植区域也不断扩展，供求关系发生了重大变化。但另一方面，人民的生活质量、需求量和消费水平不断提高，国家对蔬菜等食品安全提出了更高的要求。而元谋，曾因为过度追求发展速度，致使土地负荷过重，农药化肥施用过大，产量不稳定、质量安全不高，难以适应剧烈的市场竞争和健康、营养的要求，缺乏品牌支撑，造成市场竞争力下降，发展优势进一步减弱。面对新的市场形势，面对挑战和机遇，元谋县委、县政府把改造、提升、培强壮大元谋蔬菜产业作为一项战略任务来抓，紧紧抓住农业部 2001 年将元谋列为全国首批 100 个无公害蔬菜生产示范基地县的机遇。举全县之力，以打造“国家级无公害蔬菜生产示范大县”为目标，兼顾热带林果生产，全力推进无公害蔬菜绿色产业发展，完善种植、加工、销售体系建设，推进农业产业化经营。掀起了“从土地到餐桌的产业革命”行动，加强对无公害产业的领导，考察全国市场形势，对下一季蔬菜生产进行科学的指导，大力宣传无公害蔬菜生产技术，禁止在全县售卖、使用剧毒、高毒、高残留农药。大

力推广高效低毒、低残留农药和物理杀虫灯、黄板诱杀、性诱剂等防治技术。成立完善监测站点体系，建立产品质量可追溯制度，禁止不合格产品上市外流。抓好无公害农产品品牌认证工作，实现了认证无公害蔬菜品种和产地面积对全县蔬菜主产区的全覆盖。从而再次实现了千家万户小生产与千变万化大市场的成功对接！

元谋现代农业，农耕文明的骄傲。农耕文明的发展极致是返璞归真，元阳梯田算是传统农耕文明的代表，备受人们推荐。现代版的农耕文明也要讲究返璞归真，但肯定要有创新性，在科技文化上起到引领作用。元谋作为古老农耕文明的发源地，在现代农业上，正在继承祖先优良传统，与时俱进，成为现代农耕文明的骄傲。2001 年 4 月 21 日，元谋县清河村 286 户农民自发组建了全县第一个果蔬生产协会。按照“六统一”的标准（统一供种、统一管理、统一用药、统一施肥、统一采收、统一销售）为农户提供产前、产中、产后、销售一条龙服务。获得了完美的成功，深受大家好评。此后，元谋大地上各种农村职业技术协会和农民专业合作社迅速发展，并延伸到农产品加工，养殖业生产上。形成了规模化种植、商品化生产、产业化经营的现代农业格局，被誉为“元谋模式”在全省推广。2002 年 11 月农业部批准了“元谋县生物创新科技园区”建设项目。到 2006 年，元谋县将园区更名为“元谋特色农产品加工园区”。园区分为“高新农业科技示范区”“绿色食品加工区”“储藏、保鲜、包装运销区”和“市政服务区”四大功能区。同时完成蔬菜交易市场、农产品检测中心、电子信息网络、净菜加工车间、冷库等项目的改扩建工程，形成了集农产品交易、储藏、保鲜、运输及深加工为一体的相对完整的产业群体。2007 年，元谋县狠抓创建绿色蔬菜（A 级）生产示范县工作，实现了统一优良品种、统一工厂化育苗、统一生产技术、统一使用农资、统一田间管理、统一产品质量标准、统一组织产品销售。创新了优质、高产、高效、高收入的记录。经过 18 年的持续建设，元谋能禹蔬菜批发市场已经建成云南省最大的现代大型农产品批发市场，其铁路运输、公路运输、储运系统、物流配送、检疫检测系统、市场信息系统、安全监控系统体系健全，先后获得国家“中华人民共和国农业部定点市场”“中国百强蔬菜批发

交易市场”“双百市场工程农产品批发市场”等等认定。2008年京昆高速永（仁）武（定）段正式通车以来，汽车公路运销逐步取代了铁路运销，“南菜北运”“南菜东运”格局初步显现，元谋蔬菜以更加迅猛快捷的速度走向全国27个省市200个大中城市，并走出国门进入俄罗斯、韩国、日本、新加坡及东南亚、欧盟等国家和地区。同时，电子商务果蔬销售也取得快速的发展，元谋电商运营中心已成功对接长沙马王堆、深圳海洁星、北京新发地等几十家批发交易市场，发展客户200多家，线上线下交易红火。2010年10月28日元谋番茄成为亚运会专供蔬菜，2012年元谋被云南省政府命名为高原特色农业示范县，2013年元谋县为落实高原特色农业示范

❶ 五彩椒

❷ 元谋观赏型蔬菜

县称号，使之名副其实，真正起到引领全省的作用。发起了“四园”“六区”“两带”建设工程（即农业创新创业园、特色农产品加工园、现代种业科技园、现代物流园，有机蔬菜生产示范区、有机水果生产示范区、冬繁制种生产示范区、设施农业示范区、生态养殖示范区，永武有机果蔬暨休闲观光农业经济产业带、元双生态养殖经济产业带）。积极推荐特色农庄、家庭农场、农业综合服务体系建设为主体的农业园区建设。引进辣木种植、建成全国最大的辣木种植基地。2015 年云南元谋现代种业科技园建设一期项目完工，中国工程院院士、中国农科院蔬菜花卉研究员方智远，云南农业大学园林园艺学院院长、教授朱海山分别在园区设立工作站；西藏青稞加代扩繁项目落户园区；北京、四川、内蒙古、台湾等省区和日本、美国等多家冬繁制种企业在园区建基地设立办事处。计有 14 家国内外育繁种企业入驻园区，承建种业园区育、繁、推体系建设项目，开展蔬菜瓜果心品种试验研究。70 家科研院所到元谋进行冬繁制种。按照统一工厂化育苗、统一移栽、统一技术培训、统一病虫害防治、统一科学用肥、统一收割的“六统一”模式，发展蔬菜、花卉、小麦、玉米等农作物制繁种产业。2015 年底，举办了云南元谋 2015 果蔬展洽会。100 多家国内

外客商莅临元谋，成功签约合作协议资金137.2亿元。至2016年，元谋累计获得国家级无公害农产品认证27个、绿色食品（A级）认证37个、有机食品认证1个、“元谋番茄”地理性证明注册商标1个；云南名牌商标3个；7个商标获“云南省著名商标”，5个产品获“云南名牌”产品称号。有力地巩固了元谋绿色果蔬的大品牌。

绿色热坝欢迎你。如今的元谋，蔬菜潇洒健康、水果鲜美漂亮、果蔬畅销四海、宾客会聚八方。温暖的冬天、美丽的心情。古人类文化旅游、土林风光、现代田园观光、金沙江红色旅游、小凉山民族风情等吸引来众多的游客，年外来旅游人数近40万人之众。交运四通八达，成昆高铁、京昆高速、108国道、214省道、金沙江航运，正在启动建设的元谋通用机场，元谋公路村村通，田间运输车道阡陌交通，十分便利，为元谋经济腾飞插上了强有力的翅膀。元谋，集古今四方智慧，聚天下商贾资金，推动经济在高速发展的快车道上，飞奔向前。

到2020年，元谋人将努力把元谋建设成为“一极两中心三基地”，即楚雄北部重要增长极、东方古人类文化科考科普研究中心、全国绿色农产品交易集散中心、全国重要的高原特色现代农业产业基地、全国知名的文化旅游养生养老基地、全省重要的绿色能源产业基地。元谋在加速冬春蔬菜提质增效发展的基础上，将在热坝区域完成葡萄、芒果、火龙果、大青枣等特色经济林果连片种植，打造新开发20万亩果蔬基地。加快发展40万亩绿色有机菜果基地。在不远的将来，元谋的山山水水，都将被绿色的水果蔬菜包围，被绿色的经济植物占据。

大果园

雷应山上的风力发电风车

元谋将被培育成冬早蔬菜、特色林果、育（制）繁种等现代农业产业体系和现代农产品加工园区。实现绿色食品精深加工、电子营销迅猛发展、投资环境完美改善。元谋的东方人类故乡、冬早蔬菜之乡、休闲养生之乡“三大名片”将被擦拭得闪闪发亮。随着元谋“棚改”的完成，“四馆”片区新城区的开发完善，凤凰山东方猿人谷旅游度假区、金沙湖旅游度假区的陆续开发、中国傈僳族第一村的打造等等工程完工后，漂亮的元马古镇、辉煌前卫的新城区、美丽的凤凰湖公园、风光旖旎的滨江休闲长廊、爽心润目的田园风光将更加完美地展现在你的面前。蓝天白云下的蔬菜、便捷高效的交通、绿色健康的美食、时尚热闹的度假区、回归自然的农庄小院、热情憨厚的主人在元谋热坝热切地期盼你的到来。我们有理由坚信：你会常回家看看，回归东方人类的故乡，回到养育整个东方人类的母亲身旁。

悠悠龙川江

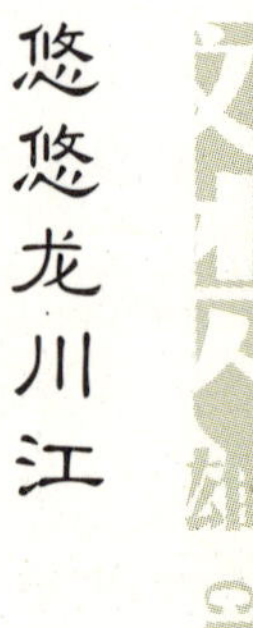

龙川河，是元谋热坝肩头系着的一条玉练，古称西溪河，流经元马有“西河泛舟”之月夜绝响；流经苴林有“平沙雁渚”之蔚为大观；远道而来的金沙江，如一匹脱缰野马，汹涌澎湃，一泻千里，奔腾于万山群壑之中。母性龙川，哺育热坝终成沃野千里，活力无限，燕语喃喃；雄性金沙，豪情激荡破万山，一心东去誓不还，壮美无边，交响铿锵。

一条河来到一个地方，必定有她承担的使命。

发源于楚雄州南华县大山深处的龙川江如同一个腼腆的彝家少女，从崇山峻岭中走出来，在楚雄市露了一面，丝毫不为城市的繁华所动，便匆匆向东北一头又扎进了群山的怀抱。等到她再次穿出峡谷高山，一抬头，闪亮的朝阳已在元谋坝子东边的凉山顶上远远地守候了她不知多少年，凉山像一位多情的少年，胸前捧着一朵巨大的莲花，想要接纳她的到来。谁知从牛王山与凤凰山之间疾步而来的龙川江，似乎被向北延展的元谋热坝渴求的眼眸吸引，又像是听到了从雪山高原走来的金沙江深情的呼唤。她急匆匆地收住向东的步伐，一个近 90 度的转身穿越热坝，朝金沙江所在的东北方流去。

元谋美景——龙川余晖

龙川江就是在赶往金沙江途中这延绵数十里的元谋热坝里，把自己修炼成了一条深情款款而又意志坚定的母性的河流，最终完成了她的使命，没有丝毫遗憾地投入了金沙江的怀抱，一起奔向大海那最终的归宿。

元谋坝子东边的凉山三处想要挽住龙川江，一处从乌头河

大箐以不知多少时光搅拌的泥沙石冲积出横贯热坝东西的横山梁子，在老康村与热水塘村山嘴处夹住龙川江，在龙泉坝子中流淌的龙川江折向西山，紧靠西山脚冲出了横山梁子的围堵，穿越能禹坝子，在五福村接纳了勐岗河一起流向苴林坝子，大有道路越走越宽阔之势。在热坝边缘向北奔跑而来的凉山，再次从雷布大箐借着倾泻而下的急雨，裹挟着巨石泥沙冲向朱布村，不知多少次在这里扎起截断龙川江的沙石大坝，龙川江总能在荏苒的时光里淘去泥沙，卷走积石，绕过堆住河床的巨大岩石，在两山的夹峙中曲身山脚，往更深的地下掏掘她的去路。在丙大浪携手汇入的蜻蛉河一同向红江坝子流去，金沙江涛声已在坝子的北端遥遥可闻。一路追赶而来的凉山孤注一掷，在金沙江畔的龙街渡口，探身入江，似乎要在这里截住龙川江的脚步，但龙川江狡黠地朝西北方向迎着金沙江的来路山

苴林坝子

口，折了个身，一跃投入了金沙江的怀抱。凉山势穷力尽，只好眼睁睁看着两江汇成的滔滔巨流势不可当地向东北拍崖而去。

一位朋友创作了一副对联，简洁地概括了元谋热坝的山形水系：

凤凰山，莲花山，夹一江春水，隔万顷田畴，看凤啄莲花，何时入口？

金沙江，龙川江，淘千古英雄，惠千家黎庶，叹龙戏金沙，至此归流！

高山密林间的千沟万壑不断汇入水流，从牛王山与凤凰山夹缝里进入热坝的龙川江，以自己丰沛的身姿孕育了东方人类的祖先——“元谋人”，滋养着“中国蔬菜之乡”的万亩田畴。山口一

❶ 薄雾故乡的水
❷ 金沙江古驿道

道堤坝，牛王山脚下沿东岸修建的一条水渠叫“官沟”，灌溉整个马街坝子和大沟坝子；凤凰山脚下沿西岸修建的一条水渠叫“龙泉大沟”，灌溉整个龙泉坝子。这一片平坝上沿江展开了星罗棋布的村庄，四季碧绿的田畴。

初春，龙川江水从倚村而来的大沟中不断地分流向两旁更小的沟，又流向更细的沟，然后灌进一丘丘田。撒欢的春水一淌进田里，迅速就被土垡吸纳，即使是成块的土垡也会连心都被水融化。此时，农夫开着“耙地龙”在前面搅起片片水花，耙反复压过几趟，田里就再无一丁点成团坚硬的泥块。一块接一块的坂垡田在水泡犁耙过后平整得亮汪汪的，只净心等待着秧苗落户安家。村庄被亮得一块一块玻璃似的水田簇拥着，每一块田里都装着蔚蓝的天，高高在上的天与卑下的地因这水的机缘而合一，在这大片的水中无休止地做全方位亲密交谈，变换的云朵是蓝天的遣词造句，而土地深处的秘密也借着潮湿的通道钻出水面——黄鳝、泥鳅。许多不知名的小虫子，它们并不是从天而降，分明就是从神秘的地下一拥而上，在大地的舞台上亮出勃勃生机的形象。羽毛洁白似雪的鹭鸶飞落田中，优雅地迈着纤细橘红的长腿，那尖嘴钳似的长喙时不时疾如闪电般插进水中，一条泥鳅或者黄鳝，甚至随灌溉渠水游来的龙川江鲫鱼叼在嘴里，它们绝望地挣扎着，白鹭则抬起头来左顾右盼，在春风里炫一下自己的美餐。翅翼裁剪如黑西服，有着翘长尾巴的小水鸟，站在刚翻耕的田头，在土中冬眠突然被掀掉了厚被的虫子们就在睡眼惺忪里成了这些小水鸟的佳肴。热坝春早，春耕春播的田野万物复苏；生死转换，植物动物的舞台情趣万千……

东方天边刚泛出鱼肚白，两手戴着袖套的农妇就已站在水田里，水田里零星散布着扎成小捆的秧苗，农妇左手握一小把秧苗，手指不断分出一棵苗，右手大拇指食指中指捏着这棵苗插进稀软的泥浆里。说时慢，那时快，只听见“掉”“掉”，

奔涌

翡翠般的凤凰湖点缀着日新月异的新元谋

手指飞快插入水下的声音，农妇的身前织出了横看竖看都站立得十分整齐的秧苗连成的网。如果你在春天来到元谋，如果你不吝于时间，在田边道路驻足，你一定会迷醉于农妇们那穿针引线般快捷的栽秧动作，时而仰首有各种云做的动物奔跑追逐的天，时而看看站立水面快速滑行的形似长条凳被我们叫作“水板凳”的昆虫。如果栽秧的田在村边，就还会有穿黑色西装的家燕剪翅而来，衔泥水边，再飞向谁家的房檐，去筑造它们的巢穴。

春雨，春风。

很快，秧苗转绿，叶片分蘖，水就悄悄消失在田野绿浪里。

大地，因水的参与而日渐丰茂；庄稼，因水的滋养而开始四季的轮回。今天的元谋热坝，在龙川江的滋养下，早已不只是插秧收谷这一简单的耕作模式，热带水果、冬早蔬菜已成为良田沃土上的新主人。龙川江就这样从牛王山脚凤凰山下开始了她生命最壮丽的伟大奉献！

站在凤凰山观音阁上俯视这一片田野，这图景分明：龙川江振兴坝至摩诃铁路桥，6 公里多的河床经过治理，江两岸筑起了百姓休闲散步的滨江大道，特别是紧靠县城的东岸，从牛王山脚起顺

江展开的休闲带，各种乡土树木在这里有序集会，空地上绿草成茵，各色鲜花竞艳。漫步龙川江两岸，你真的会赞叹，东边是小城的繁华，西边是丰盛的乡野。龙川江为干，规整的沟渠为枝、为脉；河两旁每一个村庄的田坝，就是附着在龙川江这枝杈上的一张张叶片，闪着白光的水，一头扎进土地深处，再冒出来，已成诱人的绿！水梳理着万顷田畴，它们隐居在庄稼地里，这些隐士却并不避世，它们耐心地一口一口喂养着庄稼成长，奔波在三叶瓜、洋葱、西红柿、四季豆、大豆的脉管中，那么美；它们慈爱地一滴一滴丰润着果子，欢笑在西瓜、葡萄、芒果、龙眼的细胞里，那么醉。龙川江瘦了，但她心满意足，她不在乎别离，她知道，这块热情的土地需要她灌注勃勃的生机与活力；她更知道每一滴水的消失都不是孩子们简单的消亡或迷路，而恰恰是找到了它们适合的存在方式……

化用一位老诗人的诗作，抒发人类故里的情怀：

横亘乌蒙对濮巴，曲曲龙川枕落霞。
细叶流青酸角树，高柯映碧凤凰花。
瓜果飘香桑梓地，蔬菜养育千万家。
红土孕育元谋人，东方祭祖扬天下。

夜晚散步滨江地带，夹着水汽的河风凉爽宜人，犹如一双不知疲倦的手梳理着触觉灵动的身子，让人说不出也找不到具体位

河道治理，使龙川江旧貌换新颜

新修建的凤凰湖如珍珠般点缀着元谋热坝

置的惬意与感动。龙川江畔的凤凰湖北连通向西边凤凰山麓灯火亮丽的凤凰大道，凤凰大道的西端是温泉小镇，以后还将连接到新建的“东方人类祭祖坛”；南接溯江而上的元双路也是灯火辉煌。置身城市之外登高遥望，璀璨的灯光呈现的造型如同一只金色的凤凰，展开金色的翅膀。

龙川江，正在把元谋托举成一只飞出云南高原，飞向全国乃至全世界的金凤凰！

元谋，系傣语。元意为飞跃，谋意为马，含义为骏马。元至元十六年（1279 年）设元谋县，元谋之名自此始。元之前，曾称“华竹”，又名“环州”，汉语石峡。元谋是古人类发祥地之一，属楚雄彝族自治州。

在这里发祥的是否就是我们土著傣族的先民，这已不可考。只记得奶奶说过，我们傣族，活在水边，魂在水里面！只记得奶奶说，我们祖上原本是为吾氏土司家执掌公文的，我们祖辈既通傣文，又通汉文，吾氏土司一有公务，老祖祖一定会被他带在身边。

“元谋有傣族？”

回答自然是肯定的。

顺江而下，两岸许多村庄的名字都是傣语。作为傣族的后裔，我也无法走回昨天。但顺江而下，我有把握让你在星星点点散落的乡野里，捡拾咀嚼富庶安详和谐……

突破横山梁子与凤凰山尾的夹峙，龙川江流进了摩诃能禹坝。

古有“能禹坝子能插秧，老母猪赌气不吃糠”的谚语，原来是因为龙川江完全顺着西山山脚流淌，而能禹村子的农田全在东岸的一片高地上，过去水利不发达的时代只能眼睁睁看着江水北流，却无法引水灌溉。中华人民共和国成立后从能禹横山梁子凿出隧道把“官沟”的水引人能禹坝子，这项水利工程建设改变了这条毒咒似的谚语，能禹坝子不仅栽上了秧，随着农村改革发展的春风，古老的热坝焕发生机，当年摩诃、能禹、世辉村种植冬早蔬菜，借着

金沙江

靠近能禹火车站的地利，农户们随时可以掌握蔬菜交易市场行情，选择价格最好的时候去收摘蔬菜。能禹坝子上的这几个村庄率先踏上了致富路，似乎一夜之间冒出了一个个“万元户”。三十年前的“万元户”，家家都是人们追求富裕生活的示范明灯，他们的成就激励起无数家庭追求富裕生活的美好理想。“元谋热坝”“冬早蔬菜”这些词语，从此成为这片希望的田野上最响亮的文化、经济品牌。

流经河西河东两个村庄之后的龙川江看到了一片广袤平缓的田野，她的脚步也随之放慢了，她知道这是一片更需要细

心浇灌的土地。这是牛街坝子，牛街的傣语原名叫“能海闹”，在傣语中意为“河边榕树下的赶摆地”。从傣语地名可以推想，这里是古时元谋坝子热闹的赶摆大寨。牛街坝子东边有扫卷箐、腊海金两条季节河流入龙川江，坝子西边有孟刚河丰沛的水流汇入龙川江，这里是元谋坝子的腹地，聚集了几个人口密度很大的村庄。牛街村前田坝里长出的那棵“九围大树”（攀枝花树）记录着吾氏土司吾必奎站在树上用神箭射京城皇宫中昏庸皇帝的神话传说，从小时候对神话传说里的怪异好奇里抬起头，向着“九围大树”所在的田坝望过去，龙川江在坝子的中央默默地流动，这棵直插苍穹的“九围大树”不过是她书写热坝传奇的一个感叹号而已！

牛街坝子遥遥的对岸，坐落在龙川江畔天子山臂弯里的雷丁村子无疑是龙川江的宠儿，永武高速公路从村边擦过。“见树不见村，进村不见尘”，村里的人自豪地描述自己的村庄。全村 600 多棵乡土树木，其中以有热坝“摇钱树”之称的酸角树居多。这里是酸角树的王国。富有想象力的村民为自己“领养”的酸角树取上名字，像介绍明星似的做了一块块漂亮的“名片”。名片上

写着：

酸角树王，据专家考证，树龄1600年……

这是被誉为树王的酸角树的名片。树王腰身粗壮，六七个人拉着手方能勉强围过来。好几根分枝扶摇而起，直钻天宇，根根都似擎天柱，气势恢宏。“神树！”“神树！”让人赞不绝口。

站在酸角树王下与树王合几张影，你一定久久不愿离去。1600年，阅尽了多少沧桑的树王，内心该是何等的刚硬才挺过了漫漫的岁月风尘！它出生的时候，历史纪年当属两晋，元谋尚未被历史认真地书写。从棕黑色的“酸角核（种子）”在土中因水分渗透而膨胀，到钻出白嫩的芽，再抽出细碎的青翠叶片，最终挺起灰褐起皱的树身……这期间经历的种种，只从它的外表又如何能一一解读？真想走进它的内心，回溯1600年的时光，在每一个清晨与黄昏，爬到树梢眺望苍白的文字无法再现的元谋历史风云。树在云空之上舒展着枝叶，将阴凉轻轻地披在人的身上。酸角树王风姿出众，令人浮想联翩。

地埂上，两棵身量相当，树身靠在一起，款款情深，枝枝交叉生长，叶叶互弄晴辉的是“夫妻树”。“母子树”则是一棵高大粗壮一棵矮小细弱，矮小细弱的那一棵身子往外斜出，似一个调皮的孩子，高大粗壮的那一棵有一根侧枝横伸过来挽住了矮小细弱的那一棵的树干，如同一位既不放心也不放手的母亲，那横伸过来的侧枝已然和细弱的树干粘接在一起。“夫妻树”书写着“执子之手，与子偕老”的缠缠绵绵，启迪着人类如何相依相恋；“母子树”款款情深，让人心驰神动，升华着我们对母爱的感恩理解。

茂密的树林为这个小村守护着少有的古朴、清幽和宁静。

细叶流青的酸角树，硕朵铺霞的攀枝花，来过热坝的人谁能将她们美丽的身影放得下？鸟儿在树枝上鸣叫，蜂蝶在花叶间飞舞，蜻蜓在阳光里翩跹，老人在树荫下乘凉，孩子在树荫

金沙江

下玩耍，一辈辈人在树荫里成长，一辈辈人在树荫里远去……世间哪里还有比这更美的图画！

在雷丁，只愿化作一棵树，随便长在哪一家田地边；在雷丁，只想做一个没有名姓的农人，随意做谁的儿子谁的爸，谁的女儿谁的妈！在雷丁，所有的生命都是和谐的，这和谐正从原始的朴素与现代的富裕里绽放新生活的芬芳！

到过雷丁之后，那些树必定会深深植入你生命的土壤。雷丁无意中为世人保留了元谋热坝往昔的容颜，在这里，找一个农家小院，坐下来吧！喝喝茶，聊聊天，品品本地水果，尝尝农家菜饭，发发思古之幽情，乡愁会得到丝丝疏解。

有远见卓识的前辈们，早在1958年就在禄丰县境内凤凰箐巴格里龙川江河道狭窄的地段取水入渠，让江水穿山越岭奔流30多公里去灌溉元谋龙川江东边的坝子。这项与成昆铁路同时于1978年完成的伟大水利工程名叫“东山大沟”，欢流在大沟里的江水永

金沙春早

远地告别了母亲龙川江的怀抱，她进入元谋县老城乡，连通孟连水库、麻柳水库、丙项河水库、丙间水库四大水系，组成一个灌溉库渠水利网络。顺着东山山麓，把老城、那能、挨小、清和、丙华、莲花、禾阳、领庄、中兴、点连、雷布这些元谋县最旷阔的田野从原来靠天吃饭的“雷响田”变成了旱涝保收的沃野。东山大沟所灌溉的这几片广袤的缓坡高地占了元谋县耕地的三分之一，生活着全县近一半的人口，县城元马镇的几万人生活用水也是靠这个水利网提供。东山大沟引来的龙川江水喂饱了一个个村庄，把居住在那里的人民送上了走向富庶的道路。

在热坝元谋，流传着仙人阻海的传说，一处是选择热水塘村北边的山嘴，另一处是选择朱布村。

传说很久很久以前，仙人见元谋坝子宽敞却天气炎热，觉得在这里造一个海，元谋就能变成适合仙人居住的宝地。在热水塘和朱布两处则两山合围形成狭长地带，再加有一条江水从这里流出，觉得在这两处阻海是最理想的地点。最初，仙人从各地赶来了九十九条龙，这九十九条龙齐聚马街，只要集中一百条龙，就能完成元谋坝子化海的计划。仙人请的最后一条龙是来自于大理洱海的小白龙，他本是一位英俊的白族小伙，当他赶到凤凰山上空时，早已发觉仙人企图的一位傣族小卜哨为了解救坝子里居住的同胞，她机灵地解下漂亮的包头帕，丢上天空化作五彩云霞，小白龙被这位清秀的傣族小卜哨迷住了，他乖乖地留在了山中。这就是傣语中凤凰山原名帕染山的传说来历，而凤凰山靠龙川江的南坡半腰有一个风洞。那洞口的风有节奏地一会儿吹出来一会儿又灌进去，真好像小白龙在山里的一呼一吸。县城马街龙井遍布，过去许多人家挖地三尺既可以成井汲水。

仙人第一次阻海失败了并不甘心，于是，有一天半夜，趁着夜深人静仙人就赶着东山的石头蹦蹦跳跳向朱布进发，石头行走轰轰隆隆的响声传得很远。响声惊动了村民，村民们察觉了仙人的意图，一位老者想出了一条制止仙人的妙计。第二天晚上，刚过半夜，仙人赶石的声音又在四野响起，村中一户村民敲起了簸箕，“啪啪”之声如同公鸡拍翅膀，接着又学公鸡叫。不一会儿，远远近近，家家户户都响起了公鸡啼鸣声，仙人以为天已快亮，就连忙回天庭去了。由于天机泄露，这些赶来的石头再也赶不走了。

传说归传说，但从人类记事起，元谋东山脚一带直至朱布，确实有不少横七竖八的黑石头，这就是有名的当地人称“黑石头窝”的茂别河流域。

二十年前在黄瓜园任教，到茂别、旦劳、点连、雷布等村子做家访，那满沟遍坡的黑石头就让我惊心动魄。弹指一挥间，二十多年过去了，有幸再到那片熟悉而又陌生的山野。我简直不相信自己的眼睛，展现在我眼前的是平整的田间道路，笔直纵横的沟渠。那些水牛山羊身子般大的石头都躲哪儿去了呢？原来，是翠绿成林的石榴树小枣树挺起她们不算高大却也十分秀美的身躯遮住了那些黑漆漆的石头。石榴树开始开花，翠绿间逼人的红艳；小枣树身子细瘦，却也把油亮的叶片舒展在烈日下。站在茂别村的山梁上，往西北望去，可以看见当年那个传说中被仙人选

金沙江峡谷

中阻海的村庄——朱布，视线所及之处却不再只是黑头黑脑的黑石头了，上千亩的石榴树、小枣树、青枣树、芒果树、龙眼树等等在正午的烈日下将自己的绿毫不吝啬地挥洒出来，努力地点染着那似乎亘古如斯的荒凉。

哦，是谁？是谁将仙人遗弃的工程又料理起来，而且把它改写成了一个美丽的当代神话？是党中央“再造祖国秀美山川”的大气魄举起了如椽的巨笔。1989 年，元谋被列为“长江上中游水土流失重点防治区”首批重点防治县，20 多年来，170 万年前就已经生息繁衍在这块热土上的“元谋人”的嫡系子孙们，投入大量的人力物力财力，坚持不懈地进行“四荒”开发和水土保持综合治理。今天终于绿漫热坝，瓜果飘香。沿东山舒展的缓坡干地，得到从龙川江引来的东山大沟水以及丙间水库水的灌溉，已成为仅次于龙川江两岸的另一个富庶地带。在这里，以小丙岭热带果蔬基地，点连村青枣基地为典型的果蔬种植区，孕育了一个个富庶无比的村庄。

走到一棵龙眼树不大的树荫下，一股清凉之气立即笼住了我，刚刚还在酷热中喘息的一个个细胞都眉开眼笑，心头因炎炎烈日塞满的烦也被那一股清凉捋顺了。是什么样的神灵护佑着这里，给人带来这么神速的感觉变化？

东山山麓的东山大沟流水无声无息，西山山脚蜿蜒流淌的龙川江在夕照里闪着金光。两条水系如同一双温柔的手环抱着元谋

热坝，这不正是护佑这方水土平安富庶的真正的神嘛！母亲龙川江，是您给了元谋人富裕滋润的生活，用多少言语也说不尽元谋人对您的感激……

龙川江、凤凰山、元谋热坝、元谋人，我在心底无数次的叨念，不由得对祖先给这条江，这座山命名的大智慧佩服得五体投地。龙川江，寄寓着祖先把这条江视若神灵的虔敬与膜拜；凤凰山，承载着祖先把这座山视如盛世标杆的渴望与企盼。不惭于自己才疏学浅，抒写这一方山水与个人、与人们、与人类，乃至与家、与国的因缘，放胆作赋曰：

凤凰山名原帕染，土著傣族名之曰。明代顶建观音寺，近人习称观音阁山。凤凰化山神话赋神韵，观音显圣传说注灵光。寺钟深沉闻十里，庙香清扬达九天。观音教化，祖风淳朴，民心和善。

南坡有风洞，三月三祀风神娘娘，香客络绎缠古渡；北麓留故冢，清明节祭祖宗先人，魂幡拂动绕黄荆。西屏长山劈驿道，通牟姚大理，昔日马帮踢踏震石崖；东俯热坝开良田，养万家百姓，今朝瓜果飘香透神州。

面当县城，翼连村落，山不高却常有百姓登顶。游目远眺，蔼蔼群峰仿沧海，凉山横亘似翠屏，风车架架，堪为奇景；俯视热坝，青青绿树缠龙川，凤凰湖水如碧玉，烟村点点，田野秀青。鸡鸣树梢引日出，犬吠村巷劳作忙。翩翩燕子，剪出山川丰润；啾啾黄鹂，鸣奏天地和谐。成昆铁路穿山涉水，永武高速贯南通北，引凤凰再栖此山，导百姓更见世面。

听聪知正名山出龙，貌恭体仁凤凰来仪。有凤来仪，祥瑞显形；龙川出焉，惠泽万民。峰顶重建观音寺，梵呗垂慈民众；河岸新修元双路，大道欣纳商旅。

吾生于兹，何其幸也！水土滋养，自足快然。一二知己，白首暇观。常登神山，妄心自安！喜作斯赋，感恩灵山！

滚滚金沙水

文化楚雄 THE CULTURAL ASPECTS OF CHUXIONG

金沙江从四川攀枝花市奔来元谋并逶迤东去，在流经元谋境内的50公里江段上，江面的水、两岸的石别具一番情趣。

龙川江流出黄瓜园坝子后，从朱布村又一头扎进了群山之中，再次穿越群山，于丙大浪村接纳蜻蛉河携手进入红江坝子，并在龙街、腊甸、江头一带淤积出一片肥沃的小三角洲——她对元谋热坝做最后的回眸，之后一转身汇入了金沙江的滔滔激流。两江交汇之处，大片沙滩在阳光下金光灿灿，你可以在上面尽情地玩耍嬉戏，还有成堆的五彩斑斓、姿态各异的奇石，你可以挑选几块，带回家去做纪念或者送给自己的亲戚朋友。

旧志载：“(金沙江)流经万山绝壑之中。皆峭壁悬岩，平分对峙，各其水势，奔放若走蛟龙。惟县治北界接连渡口，漾出平滩，一望汪洋。天暮云卷，日色与水光争射，灿成五色飞霞，腾空上下，绚丽夺目，凝睇之际，不尽奇异之观。”这就是旧县志中称作“日灿金沙”的奇景。

金沙江从四川攀枝花市奔来元谋并逶迤东去，在流经元谋境内的50公里江段上，江面的水、两岸的石别具一番情趣。两岸或悬崖峭壁高矗入云，酷似长江三峡，又似华山险境，令人胆寒；或怪石嶙峋，形态万千，像蜥蜴爬行，更像猴子捞月，令人生发

奇想。江面或弯拐狭窄，波涛翻滚；或平坦宽阔，清水悠悠。

从龙街渡口顺江而下 10 公里，有一景点叫“落水洞”，洞口在刀削斧劈似的崖壁与江面交界处，一股巨流旋转着涌入洞口，使附近的江面水流朝着洞口倾斜，凡从此处过往的船只，都不敢靠近，恐被“血盆大口”吸入其中。涌进洞里的水不知流向何方，就这样千代万代地涌进去，即使江水暴涨淹没了洞口，亦能看到洞口附近江水翻腾，似有什么水怪在兴风作浪。

在落水洞上方的悬崖峭壁上有一条古驿道，古驿道从悬崖半腰凿石而成，陡峭险恶，即使是勇敢者行于其上也不免心惊胆战。由于古驿道的古、险、峭，被一部又一部电影、电视摄制组搬上了银屏。

龙街渡口历史悠久，渡口开渡始于宋元时期，清朝至民国驿渡趋盛。驿道是我国古代供往来递送公文，传车、驿马通行而开辟的大道。而古人入滇之路有北路、南路、中路三条，龙街渡就是连接自四川建昌（今西昌一带）行都指挥使司属之会川卫（今会理）至云南武定府，沿江百里川滇两省北路上商贾往来和南丝绸之路的重要渡口，有“扼川蜀之锁钥，控滇北之樊篱”的美誉，是自古以来的兵家必争之地。

龙街在中水期和枯水期，用快艇、气垫船、橡皮船、木船和筏子沿江漂流而下，既惊险刺激，又能领略金沙江自然风光的雄奇险峻。既能看“日灿金沙”，又能看落水洞和古驿道。既饱览“金沙水拍云崖暖”的壮丽奇景，又体验“轻舟已过万重山”的惬意，还能领略傍水而居的当地少数民族绚丽多彩的民族风情。滔滔金沙江水向人们诉说着当年红军渡江的英雄壮举，铭记着“毛主席用兵真如神”的历史传奇。

1934年10月，中国工农红军战略转移，离开江西中央革命根据地，开始了举世闻名的二万五千里长征。1935年1月，遵义会议后，在毛泽东、周恩来、朱德等同志的领导下，中央红军红一方面军四渡赤水，南渡乌江，兵临贵阳。同年4月23日，中央红军分两路进入云南。4

龙街春色

月30日，中央军委在寻甸县柯渡镇对抢渡金沙江做出具体部署，决定红军分三路抢占金沙江渡口。一军团抢占龙街渡、三军团抢占洪门渡、干部团从中部直插皎平渡、五军团殿后掩护。

5月1日，红一军团绕开昆明，经过富民西进。5月2日，红一军团以迅雷不及掩耳之势连续攻下禄劝、武定县城后，星夜沿川滇大道向元谋挺进。5月3日，红一军团一师、二师从武定县石腊它兵分两路进入元谋。一师从太阳坡、活佛寺方向入境，路经乌头禾、乐甫、老岳村、红冈、你莫、领庄、中山、淇柳、安定、黄瓜园、朱布、海洛、大那别、小那别、鱼洗、大树村、那旧、白泥湾等二十几个村庄，马不停蹄，行程70多公里直插江边龙街渡口；二师沿着滇川大道，从白路，和尚坟进入县境，经马头山、班法、挨那望、中屯、大水井、月龙、杨柳、沙地等十几个村庄，行程60多公里，于当天下午占领了元谋县城马街。

红一军团在元谋抢占龙街渡、架桥石花滩、进占元谋城、阻击白酒坡、血洒大弯箐、镇压敌团总、阻截盐水井，一路斩关夺隘，打富济贫，镇压土豪劣绅，宣传抗日救国主张，有效地牵制

金沙江

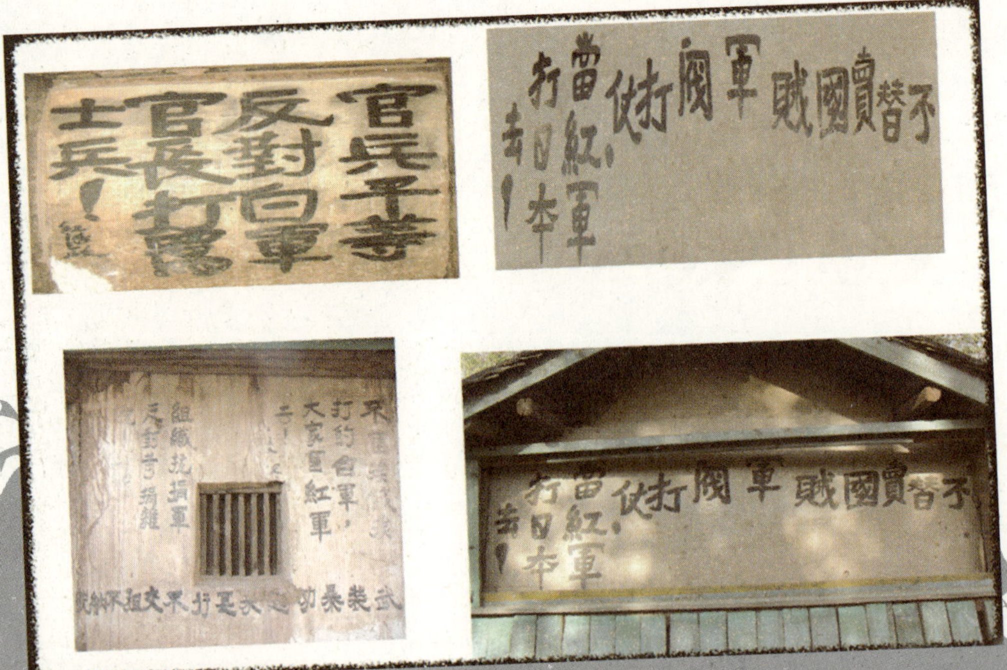

红军标语

了国民党尾追之敌，摆脱了国民党重兵的围追堵截。最终大部队顺利渡江，实现渡江北上，取得战略转移中“巧渡金沙江”具有决定意义的重大胜利。红军经过元谋县6个乡镇,115个村庄，历时7天，行程300多华里，沿途留下了12条红军标语，8处革命遗址。红军在元谋牺牲了14人，留落9人，元谋籍有王有流、谭少先等14名热血青年参加红军。在元谋这块古老而神奇的土地上播下了革命火种，并与元谋人民结下了深情厚谊，谱写了可歌可泣的革命历史篇章。

龙街渡口是当时川滇主要通道，每天有上百匹骡马、成群结队的商贩从这里渡金沙江，往来于昆明和会理之间。此时除前来侦察的敌机外，别无一人。红军入滇后，大张声势攻城争地，给蒋介石、龙云造成红军可能从元谋方向渡江北上的错觉，为阻止红军渡江，蒋介石预先调集川军一个团控制龙街渡口北岸，龙云也电令武定县封锁龙街渡口，把龙街渡和龙川河两岸船只及漂流木材大部分烧毁，少部分沉于江中。5月3日晚，一师先头部队赶到龙街渡口，受到江北岸川军的阻击，立即修筑工事，用机枪与对岸的川军对峙。5月4日上午，一师在师长李聚奎、政委黄苏的率领下赶到龙街渡。立即令后续部队沿途收集竹子、木板，到龙街渡上游5公里的石花滩架设浮桥，佯作大部队即将在此渡江姿态，将敌军主力部队吸引到元谋龙街一带，牵制尾追之敌，在战略上给敌人造成错觉，为红军主力巧渡金沙江赢得宝贵时间。与此同时，5月3~6日，军委干部团在皎平渡夺取7只木船，与三军团顺利渡过金沙江，当晚，红军按中央军委“务必不顾疲劳，于七号兼程赶到皎平渡，八号黄昏前渡江完毕，否则有被隔断的危险”的电令。6日晚，一师星夜撤离龙街，沿着金沙江边的崎岖小路，攀悬崖，穿密林，从江边水缸坡和马脖子坡翻越东山直奔皎平渡渡江。5月6日，红三军团第十一团政委张爱萍率加强营在皎平渡渡过金沙江，由金沙江北岸进入元谋县姜驿乡，到龙街渡北岸驻防,5月9日离开元谋。至此，红军完成了“巧渡金沙江”的军事传奇。从毛泽东在《七律·长征》一诗中豪迈而洒脱的诗句“金沙水拍云崖暖”中，我听到了红军渡过金沙江之后的波涛像是发出拍手欢送的掌声，看到了红军回首云中的山崖蘸满暖意的目光……

在一个骄阳似火的日子里，怀着对红色历史崇敬的心情，我踏上当年红军长征过元谋时的征途，追忆红色印迹。

江边

金沙江龙街渡，这个耳熟能详的名字曾经在梦里回荡了千百回，如今站在龙街渡口，望着一个个漩涡把水流卷向远方，眼前仿佛浮现出 1935 年 5 月 3 日，红一军团赶到龙街渡口被江阻隔，既要立即修筑工事与江对岸的川军战斗，又要四处寻找竹子和木板架设浮桥抢渡金沙江的情景。当年红一军团还未到达龙街渡，船只就已经被敌人烧毁，少数船只被凿沉于江中。在没有船只的情况下，红军想渡江该是如何艰难？而今，龙街渡口已经利用现代化的机械渡船，我们连人带车可以乘坐横渡上百吨的机械渡船过江，又是何

自行车“水上特技表演”

等的幸福！

过江后沿着崎岖的山崖爬上盐水井村旁的棋盘山——当年红三军团十一团在棋盘山上构筑野战工事，阻击尾追滇军的阻击战旧址。高高耸立的圆形山顶隐藏在一片桐子树丛林中，当年用石头和泥土层层堆砌构筑的 20 多堆战壕静静躺在草丛中，一排排战壕分层次有序排列依山而砌，石头上灰褐色的斑迹和灰白的泥土依然清晰。我伫立在战壕里，眺望滚滚的金沙江水，不禁联想起棋盘山阻击战和镇压敌团总的历史片断来。虽然历史已向前推进了 80 多年，但棋盘山上的战壕依然清晰印证着当年红军战斗过的痕迹。

来到姜驿街，在原姜驿乡政府门外的 3 棵朴树上，当年红军刻下“大中红军”“铲除土豪劣绅当红军”“大团结拯救中华民族”的标语字迹清晰可见。当年红军在姜驿税卡——厘金局前召开群众大会公审唐兴斋的情景仿佛历历在目。而眼前的姜驿街一片繁华的集镇景象，只有刻在 3 棵朴树上的红军标语仍印证着这里曾经有过不平凡的红色历程……

来到元谋，来到龙街，你一定要去瞻仰红军长征元谋纪念馆，在这里，你可以感受到红色的召唤、品尝到文化的韵味、享受到历史的魅力。

走进建造在龙街渡口旁龙川江与金沙江交汇形成的一座半岛上的红军长征元谋纪念馆，红色的五角星屋顶映入眼帘，馆内的浮雕、毛泽东的《七律·长征》组诗及图文并茂的展板，生动地展现了红军长征过元谋这段历史事实。一幅幅珍贵的图片，定格下革命历史的永恒；一段段质朴的文字，讲述着硝烟弥漫的战斗故事；一件件沧桑的文物，展现了撼天动地的英雄壮举。

我们走过的这几处遗址只是红军过元谋时战斗的缩影，是长征路上艰难岁月里不可遗忘的一段角落。红军，远征而来，又远征而去，播下的革命火种，却给元谋人民留下宝贵的精神财富，成为一段永远不能忘却的红色记忆。

昔日红军追求的是救国救民的真理，如今元谋人民探索和实践的是小康之路。值得自豪的是，红军艰苦奋斗的精神，求真务实的作风，探索真理的执着已被今天的元谋人继承和光大。八十年过去了，千里热坝旧貌换新颜，特别是红军巧渡金沙江的革命遗迹和革命故事昭示着世世代代的中华儿女，成为我们的爱国主义教育阵地和红色旅游开发的圣地。

2005 年，元谋江边龙街红军横渡金沙江渡口被中宣部等 13 个国家级部

委列为全国 100 个红色旅游经典景区之一，同时被命名为省级爱国主义教育基地。

为了纪念当年红军在元谋的历史史实，历届县委、县政府多方争取项目资金，2008 年 12 月，投资 1600 万元的红军长征元谋纪念馆项目开工建设，2010 年 12 月完工。2014 年投资 170 万元，对红军长征元谋纪念馆实施了展示工程，建造情境雕塑 3 个，展板 58 个，展出面积 1863 平方米，展览图片 247 张，实物 100 余件，9 月完成布展。全面介绍中央红军长征及红军长征过云南、红军长征过元谋巧渡金沙江这一光辉历史史实。2015 年 5 月开馆。2015 年 8 月继续争取省级资金 10 万元投资建设 12 平方米的 LED 电子显示屏，制作视频宣传片，滚动播放红军长征过元谋光辉历史。红军长征元谋纪念馆先后被省、州及县党委、县政府命名为省级重点文物保护单位、爱国主义教育基地、党员党性现场教学基地、党史党性教育基地、党风党纪教育基地、国防教育基地等。

风光迤逦金沙江

2014 年在县城建设元谋县爱国主义教育长廊，长 51 米，

布展面积 84 平方米，展览分 12 个展板，144 块板面，按小块竖排、先上后下，依次由北向南按四部分展出红军长征在元谋的史实、解放元谋的艰苦斗争史实、元谋革命人物、元谋英烈名录和元谋红军标语。

多年来，元谋县委、县政府先后对江边乡龙街村、江边村、元马镇大乌头禾村元谋红军标语进行修缮保护。对江边乡石花滩架浮桥遗址和盐水井棋盘山阻截战遗址、老城乡白酒坡阻击战遗址、姜驿乡红军群众大会遗址、平田乡大弯箐红军遇难遗址等 13 处革命遗址修建了革命遗址标志及事件简介碑。

以上建设项目构成红军长征过元谋宣传展示的重要资源，是红军长征过元谋红色旅游景区中不可缺少的部分。

在长征胜利 80 多年后的今天，我们迎来新的机遇，千里热坝上创造了一个又一个的辉煌，昔日红军长征走过的地方已发生了翻天覆地的变化。在建设“开放、文化、绿色”元谋发展进程中，元谋县将结合金沙江乌东德水电站的开发、跨金沙江大桥、元谋港建设、红色旅游专线二级公路建设，加快元谋龙街渡与武定己衣、禄劝皎平渡、四川会理打造连片红色精品旅游项目，让红色历史继续传承，让长征精神永放光芒，激励元谋各族儿女在新长征的道路上“不忘初心，继续前进”！

文化踏雄

第三章 舌尖味蕾汇

“新石器时代，一些原始部落群（氐羌部落族群）往来流动于西北、西南和中原地带，其中先进的部分在中原地区形成了华夏族（汉族的前身）；较后进的部分则在西南形成氐羌系统的少数民族。”——《中国西南民族史》（尤中著）

……羌人喜食“猪膘”（类似于今天的腊肉、烟熏肉），爱喝“咂酒”（青稞等粮食发酵而成，酒水带渣）（类似于现代少数民族的水酒）。——《云南饮食文化》

元代以前，元谋基本无汉族。明洪武年间以降，中原汉族以军屯等方式逐渐迁入。同时，带来了中原文化和歌舞，融汇地方后形成具有地方特色、浓郁乡土气息的演唱方式——元谋花灯。史载：“爽声迭奏笙成韵……”“花灯结对踏歌来，献寿公堂一字排……”（《灯词》）

正是元谋在历史长河中有着各种氐羌族群后裔及后来迁入中原汉族的多民族融汇交融，决定了元谋地域饮食文化、歌舞民俗文化等文化的丰富性和多元性，淋漓尽致展现了活力元谋极致和多样的一面，让人体验过后能顿生酣畅、痛快之感，共同谱写出一幅幅和谐盛世之壮美画卷。

舌尖上的冰火饕餮

元谋，不仅有令人流连忘返的自然风光、悠久神秘的历史文化，还有让人唇齿留香，余味悠长的元谋美食。

元谋凉鸡和元谋烤乳猪

说到元谋美食，最让游客难以忘怀的就是元谋凉鸡和元谋烤乳猪。它们选材考究，工艺精致，配料独特，味道特别，在一凉一热之间，让游客享受着冰火饕餮的味觉盛宴，感受到元谋美食的独特魅力。元谋凉鸡和烤乳猪，成为元谋美食餐桌上的主打品牌，赢得元谋饮食“双绝”的美誉。

说到元谋凉鸡和烤乳猪的历史，自有一段不俗的传说。

相传清朝灭亡，民国初年，宫廷一御厨流落江湖，逃难来到元谋，举目无亲，身无分文，贫病交加，躺在瓦渣箐一烂瓜棚中气息奄奄。因为头上盘着长辫子，病入膏肓，大家都不敢接近他。有两个放牛小孩心生怜悯，跑回家中悄悄拿来食物和清水送给御厨。御厨吃了东西，有了精神，给两个小孩讲了许多故事。两个孩子于是每天给他送吃的，并且找来草药给他煨服。在瓜棚躺了近半个月，御厨的身体渐渐康复，为报答救命之恩，在起身告辞之前，御厨把宫廷凉鸡和烤乳猪的烹饪、配料方法分别传授给了姓张和姓唐的两

①② 元谋凉鸡

个孩子。张家小孩长大后成了元谋凉鸡的创始人，唐家孩子长大后成了元谋烤乳猪的创始人。

元谋凉鸡

张氏凉鸡发展到第二代传人张明扬，他将凉鸡宫廷秘方和元谋本土饮食文化巧妙结合，研制出元谋凉鸡的独特配方，辅以现代工艺精心烹制，元谋凉鸡形成了细腻滑嫩、鲜香味美的风味特点。于是，张明扬凉鸡就成了备受百姓青睐的元谋凉鸡品牌，进而成为元谋凉鸡的代名词。由于实至名归，张明扬的凉鸡店常常座无虚席。每天的客人络绎不绝，店家忙不过来，结账时张明扬就让客人自己把铜钱用线穿起来挂在店门口的树上，生意结束，到晚上收钱时，一串串的铜钱挂满了枝头，压弯了树枝。人们都羡慕地说张明扬家有一棵摇钱树。

新中国成立后，张明扬把手艺传给了大女儿陈清莲。时至今日，第三代掌门人陈清莲已是八十多岁的老人，她把手

艺传给了儿子高成荣和高成华两兄弟。如今的元谋县城，有两家正宗的元谋凉鸡店，一家是“百年老字号元谋凉鸡店”，一家是“元谋正宗凉鸡店”。2006 年 12 月 31 日，在云南省餐饮与美食行业协会，中国 · 元谋首届蔬菜节主办的“中国 · 元谋果蔬烹饪大赛”比赛中，元谋凉鸡店的店主凭借祖传凉鸡菜肴夺得桂冠，赢得了荣誉，并接受了中央电视台、云南电视台、四川攀枝花电视台的采访报道。

元谋凉鸡选材考究，做工精细，素有“三绝”之说。“三绝”即为选材、烹饪、配料。凉鸡的食材以未生蛋或未啼鸣的 1.6 公斤左右的喂粮食的土仔鸡为最佳。将仔鸡宰杀，除净鸡毛，开鸡膛洗净，整只鸡置入锅中，加入冷水，慢火煮至水即将开锅，用冷水激之，使水温始终保持在将沸未沸的阶段，待鸡皮开始收缩时即刻起锅。在煮鸡和起锅的过程中火候尤为重要，水温过高会导致鸡肉表面熟而内里不熟，水温过低不容易煮透。起锅时间早了鸡肉煮不熟，起锅时间迟了会造成肉质过老。鸡肉起锅后放置阴凉处降温，变凉后砍成块状，用秘制的佐料做一碗蘸水，即可食用。 剩下来的事情自然就是吃凉鸡。说到吃凉鸡还有一门学问，鸡肉入蘸水时不可“蜻蜓点水”，要过碗底“扎猛子”。因为佐料的精华都在碗底。不深入，绝不能体会到元谋凉鸡的个中真味。其实，生活的真味也大抵如此。

❶ 元谋凉鸡

❷ 美食诱惑

精致的工艺，神秘的配方，元谋独特的水土和气候特点，天人合一，成就了鲜、嫩、脆、甜、滑，让人回味无穷，风味独特的元谋凉鸡。到了元谋没吃到元谋凉鸡，那可真叫作“错失良鸡”了。

元谋烤乳猪

话说宫廷御厨口传心授，将宫廷烤乳猪及配方绝技秘传与姓唐的孩子。但民国年间的元谋，民生凋敝，再加上元谋干旱缺水，百姓生活朝不保夕，在当时被视为饮食中的奢侈品的烤乳猪，只有大户人家才能吃得上。可惜空有一身绝技的唐师傅，只能沦落为大户人家的厨师。元谋县城大户人家大宴宾客，烤乳猪是一道必不可少的佳肴。宴会上，大家都以能吃到唐师傅做的烤乳猪为荣。如果能吃到唐师傅亲自做的烤乳猪，宾客们不仅自己感到尊贵，同时更能体会到主人的盛情。唐师傅虽为一介庖丁，因为有此绝活，备受人们的尊敬。

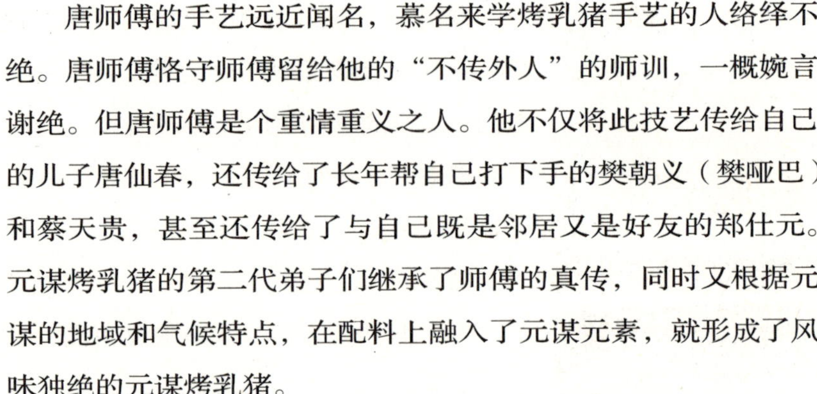

唐师傅的手艺远近闻名，慕名来学烤乳猪手艺的人络绎不绝。唐师傅恪守师傅留给他的“不传外人”的师训，一概婉言谢绝。但唐师傅是个重情重义之人。他不仅将此技艺传给自己的儿子唐仙春，还传给了长年帮自己打下手的樊朝义（樊哑巴）和蔡天贵，甚至还传给了与自己既是邻居又是好友的郑仕元。元谋烤乳猪的第二代弟子们继承了师傅的真传，同时又根据元谋的地域和气候特点，在配料上融入了元谋元素，就形成了风味独绝的元谋烤乳猪。

元谋烤乳猪在选材、烧烤、配料上都极为讲究。选材以15公斤左右，喂粮食的本地乳猪为上品。宰杀后，用适当的温度烫皮褪毛，猪皮不能烫老，也不能烫破，刮净猪毛，剖开肚子，去其肚杂，洗净，然后剔除前肋骨三根，再把猪身放平，用水冲洗干净。然后在肚膛内涂抹秘制香料，在背部抹上香油，用通杆由猪股部刺入，从眼部穿出，置于烧旺的炭火上翻烤，使其均匀受热。烤至猪皮起红黄色小泡时取出，用长针在猪身上均匀地刺很多小孔，使水分较快蒸发。待小孔出油时，用管帚将油涂遍猪身，以防猪皮烤焦。当皮色呈现橙黄鲜亮时即止。烤熟的乳猪皮色金黄松脆，轻轻一嚼便满口流香。在炭火的精心烘烤下，大量的水分被锁在肉中，烤猪肉质鲜嫩、醇香、有嚼劲，如果在烤熟的猪肉上再涂撒一些配方神秘、工艺精湛的烤猪干蘸水，更是让人回味无穷。

元谋烤乳猪以考究的工艺和独绝的味道，成为招待贵宾的理想佳品。

抗日战争爆发后，美国专家到云南来帮助元谋修建军用机场，当专家们品尝到元谋烤乳猪的第二代传人唐仙春烹制的烤乳猪时，纷纷竖起了大拇指，唐仙春于是成了美国专家在元谋期间的专职厨师。

2009年7月，胡锦涛总书记到楚雄视察工作，元谋烤乳猪的第三代传人郑子强被邀请到雄宝宾馆参与了晚宴准备工作。

郑子强精心烹制的元谋传统烤乳猪色、香、味俱全，总书记品尝了三片烤猪肉后对元谋烤乳猪精湛的工艺和独绝的香味颔首赞许。元谋烤乳猪也因此声名远播。

朋友，不论你到元谋来饱览奇山异水，放飞思绪，还是来品鉴元谋的历史文化，放纵情思；也不论你是来寻根问祖，感悟生命的真谛，还是神马浮云的匆匆过客，不带走一片云彩。但请停下你匆忙的脚步，在元谋烤乳猪酥脆醇香中感受一下元谋火与生命碰击而出的味道，再在元谋凉鸡的鲜嫩脆滑中体味一番生命低处清凉惬意的精致和美好，你会深深感受到元谋不仅有如火的激情，还有似水的柔美，也许还能在品味美食中品出人生的别样味道。

元谋凉拌乳猪

元谋地处干热河谷，气候炎热，常年气温较高。特殊的气候让元谋人对凉拌菜情有独钟，凉拌乳猪更是凉菜中的一绝。

元谋的夏天虽然酷热，却是农家人一年中最清闲的日子。赋闲在家，早上到庄稼地里走走转转，中午就被烈日逼到了树荫底下，打打扑克，喝喝茶，聊聊天。男人们闲不住，约上几桌好友，凉拌一只乳猪，喝酒划拳，夏天也就过得别有滋味。比起元谋凉鸡和烤乳猪，元谋凉拌乳猪是一种更加大众化的民间饮食。县城附近的村落，每一个村庄都有几个凉拌乳猪的好手，但说起味道，还是要数苴林的凉拌乳猪最为出名。用苴林井水凉拌的乳猪，鲜香嫩脆，还有淡淡的甜味。

元谋凉拌乳猪是将烤乳猪和凉鸡的烹饪方法完美结合后创新而出的一种元谋特色饮食。凉拌乳猪选材和烹饪工艺极为讲究，以喂粮食的满双月土猪为上品。宰杀后，烫皮褪毛，猪皮不能烫老，也不能烫破，刮净猪毛，剖开肚子，去其肚杂，洗

❶ 烤猪肉

❷ 凉拌小猪

净，然后砍成块状置入锅内，取来优质的井水注入，用慢火煮至将沸，迅即用冷水相激，如此反复，使水温始终保持在80~90℃之间，煮至皮脆即可出锅。这火候不宜早也不宜迟，过早了不熟，猪皮太硬，煮过头了猪皮太软，没有脆味。出锅后将肉切成片，剩下来的事就是配一碗颇具元谋特色的蘸水。这样，凉拌乳猪就大功告成。有的厨师将乳猪的内脏洗净，煲一锅乳猪粥，也是别具风味的享受。

凉拌乳猪鲜嫩香脆，营养丰富，解暑提神，是元谋农家人款待远方贵宾的珍馐佳肴。

元谋泡果

人杰地灵，物产丰富的元谋，盛产一种甜如蜂蜜，泡如棉花的食品，它的名字叫作元谋泡果。

元谋泡果是楚雄彝族自治州元谋县的名特食品，民间制作已有70多年的历史。元谋泡果选用精白糯米、饴糖、白糖、花生油、黄豆浆、鲜芋头、蜂蜜、芝麻等为原料加工而成。

俗话说，“好吃的东西不好做”。元谋泡果的整个加工过程均为手工制作，工艺复杂而精细，工序多达21道，生产周期长达15天。产品制作过程中对气温的要求近乎苛刻，每年只能在冬季生产。冬季的元谋气候不冷不热，晴多雨少，空气干燥，是生产泡果的黄金时节。选择一个好天气，将糯米磨细，与秘制的配料搅拌均匀，制成规格统一、大小一致的半成品，放在阳光下照晒，使水分蒸发到适当程度后进行油炸。油炸时的温度要适当，油温不宜太高，当然也不宜太低，而且更不宜一次性下锅。经过油炸—冷却—再油炸—再冷却，周而复始，反复多次。每次油炸时得小心翼翼，控制好油温，把握好颜色味道以及果形。起锅时间的掌控，套糖工艺的完成都需要非常到位地拿捏好火候，完成套糖工序后起锅，元谋泡果的制作方才完成。

元谋泡果，果形泡大，表面金黄油亮，内呈雪白网状，似丝瓜瓤，

元谋泡果

泡如棉花，入口香酥甜脆，即刻化为满口甜香，而且缕缕丝丝，绵延不绝。它有着幸福的口感，丰富的营养，当地人都说，元谋泡果的味道，就是幸福的味道。正因如此，每逢新春佳节，百姓们都以泡果为珍品相互赠送，祝愿生活幸福流香，甜蜜美满。

元谋酸角糖

金沙水暖，龙川逶迤，地处金沙江畔的元谋，龙川江横贯南北。这里是龙川江的下游，龙川江把所有的热情都汇聚在元谋盆地。这里气候温热，有“天然温室”的美誉，物产丰富，各种热带亚热带作物竞相生长。在这里生长着高大挺拔、枝叶茂盛的罗旺子树，元谋人把它叫作酸角树。

酸角树枝叶繁茂，常年绿荫匝地，是遮阴避暑的宝树。酸角树上生长着酸性的荚果，每逢收获的季节，酸角树上挂满了一串串肥硕的黄豆荚似的果实，当地人把它叫作酸角。

酸角在明代《滇南本草》中叫作“酸饺”，现代还有罗望子、酸豆、酸梅、通血香等别称。《滇南本草》云其：“味甘、

元谋酸角

酸，性平。治酒化为痰，隔于胃中。”《中国中药资源志要》认为：“酸角，可清暑热，化积滞。用于暑热食欲不振，妊娠呕吐，小儿疳积。”研究证实，酸角可用于治疗中暑、消化不良、小儿食积、呕吐，以及蛔虫病，目视不明、体虚多汗等多种疾病。酸角亦可食用，如李时珍云：“浸水和羹，酸美如醋。”酸角可生吃，还可以煮羹，制作果酱、果酒等，乃药食兼用之良品。

成熟的酸角呈棕黄色，在树上自然成熟。成熟的酸角，酸汁被吸收入肉质内。食用时，把干酸角浸入水中，酸汁就会散发出来。酸角是清凉消暑的佳品。清乾隆年间，元谋甘蔗种植、榨糖业兴起，人们把酸角去壳抽筋洁净后置入预制造型各异的器物中，以刚熬成的糖粥注入其中，搅拌匀净，冷却后即为酸角糖。因为酸角糖口感特别，营养丰富，解暑效果极佳，工艺简单，所以制作工艺迅速得以推广。但成品粗糙，不易包装，长期以来仅限于自食为主。改革开放后，元谋引进了酸角糖加工设备，建造了厂房，酸角糖从小家碧玉出落为大家闺秀，从私人小作坊走进了大厂房，从自产自销走向国内外广阔的市场。酸角糖的加工，无论从加工流程到包装都走向了精细化和市场化。

酸角糖的加工极为精细，以酸角为原料，先通过人工剥壳、抽筋、洗净、敲烂取籽后，用机器绞细，加进适量糯米粉、白糖、蜂蜜、香精等辅料，搅拌均匀，放蒸笼内蒸熟，然后放在大理石板上擀成薄片，切成大小一致的形同雪片糕似的酸角糖片，烘干，装盒。

酸角糖营养丰富，含有蛋白质、粗脂肪、有机酸、磷、钙、铁、维生素C和糖类，有生津解渴、清热消暑等功效。以酸角糖泡水或者把酸角糖加工成冰水，在赤日炎炎的盛夏，饮之能解暑，又能去秽怡神，是夏季最佳饮品。酸角糖含有多种氨基酸，对降低血压有很好的疗效。

云南省元谋县雷丁生态村的酸角树

作为云南省元谋县传统名食的酸角糖，不仅是消暑的宝贝，更是养生佳品，备受当地人喜爱，成为走亲访友的理想礼品，也正被越来越多的游客所青睐。

元谋风味凉粉

流行于大江南北的普通小吃——凉粉，到了元谋，却别有风味。如果说其他地方的凉粉是庄户人家的姑娘，元谋凉粉则是小家碧玉。元谋风味凉粉，做工精致，色香味俱全，是春夏消暑的佳品，也是秋冬时节催汗御寒的良方。

元谋风味凉粉是米凉粉、米凉虾、豌豆凉粉 、蚕豆凉粉、元谋卷粉筒的统称。用元谋本地米做成的米凉粉，如玉一般温润，晶莹透亮，而且“筋骨”特好，不易断裂，可以用筷子夹着米凉粉条大大方方地入口，吃起来鲜嫩滑爽。豌豆凉粉金黄松爽，吃在嘴中如风入梅园，霞落春江，满嘴妙香，耐人回味。蚕豆凉粉就娇贵得多，玉体冰清，不着一丝风尘，含在嘴中不忍咀嚼，丝丝凉意和清香已沁入心脾，让人顿觉清风入怀。卷粉筒是能包裹各种作料的百味筒，用芝麻油、花椒油和辣椒酱满涂，加上精盐、味精，再加上点熟豆芽和熟韭菜，卷成筒状，方便携带，可供远客品尝，也可以供食客一边赶路一边享用。

元谋风味凉粉，吃货们可以根据自己口味特点，在琳琅满目、大瓶小罐的作料中各取所需：妥甸酱油、特制的辣椒油、辣椒酱、芝麻油、花椒油、蒜泥、熟韭菜、芫荽、精盐、味精以及元谋特产的酸角醋等作料，配料不同，味道自然不一样。春夏暑热时节，小贩们会在酸角醋中多加点红糖，酸中带甜的酸角醋可以起到很好的解暑作用，吃完凉粉，食客会向小贩要

❶ 元谋菜豆

❷ 现磨豆花

一两碗酸角醋慢慢喝下，抿抿嘴，擦擦汗，看看街边正在发绿的道旁树和匆匆而过的行人，优哉游哉地惬意离去。秋冬之时，小贩们会将酸角醋的甜味减少，辣椒油的辣味也随之增加，食客们常常舀上半勺酸角醋，或者干脆就不动它，用辣椒酱和辣椒油把凉粉条裹得红彤彤，再加上点蒜末水、芝麻油和一箸熟韭菜，一碗凉粉下肚，催出一身热汗，心满意足地在冷风中欣然离开。

通体透明，水晶一样的米凉虾从小桶中舀到碗里，加一小块土榨的红糖和几勺地道的元谋酸角醋，也根据顾客的喜好放点其他作料，一碗酸甜可口的酸甜凉虾就可以入口了。因为凉虾秀气可爱，不便用筷子夹，也不忍用铁勺搅动，用一把陶瓷的小调羹将凉虾和着醋水慢慢送入口中，暑热和烦躁也随之烟消云散。米凉虾于是成了元谋消暑祛热的上品。

无论春夏秋冬，元谋风味凉粉摊上都坐满了俊男靓女，把小吃当作大餐，吃得有滋有味，吃得忘了寒冬酷暑，吃得忘了午饭和晚餐，吃得忘了四季轮回。

江边大炸豆腐

婀娜多情的金沙江流经元谋县江边乡，沿江两岸土肥水美，物产丰富，各种特色小吃数不胜数。其中，有一种叫作“心太软”的小吃，不仅吸引了芸芸众生的眼球，而且赚足了吃货们的胃口。

“心太软”也就是江边乡特有的大炸豆腐的昵称，因表皮酥香，内里嫩软香甜而得名。它的原料和工艺都较为独特。选精致上好的黄豆浸泡后细细碾磨成浆，在热锅中煮沸，舀至器皿中，用当地特制的窖水点醒后成为豆浆，将豆浆压成块状，放置在阴凉处滤去多余的水分，然后均匀地切成方块状，在油锅中炸成金黄色，放在筲箕中冷却降温，同时把江边盐水井村取来的苦盐用

开水兑成苦盐水，待苦盐水和油炸豆腐块都冷却后，将油炸豆腐块放入苦盐水中浸泡储存，以备烹饪食用。

“心太软”的烹饪方法极为简单：用热油、辣椒打一个油锅，油锅开锅后将油炸豆腐块从苦盐水中取出，投入涨沸的油汤中煮三五分钟，加入少许姜丝、香葱、芫荽后即可起锅食用。

苦盐水不仅有着神奇的保鲜效果（油炸豆腐放在其中浸泡十天半月仍然鲜味如初），而且还有酥软发泡的作用，不用苦盐水浸泡，或者换成其他任何东西浸泡，油炸豆腐块下锅入水烹煮时都不会有很好的发泡效果，食用时更难有酥软鲜嫩的口感。

“心太软”对苦盐水情有独钟，可是只钟情于盐水井村的苦盐水，其他地方的盐水浸泡出的大炸豆腐，形状和味道均与之相差甚远。“心太软”味道独特，营养丰富，是江边大炸豆腐的代名词。

元谋江边乡大炸豆腐

元谋——滇中美食天堂

有一首歌，让人难忘，是因为它动人撩情，思绪翩跹；有一个地方，令人神往，是因为它独特神奇，魅力无限！

有着“人类发祥地”“天然的人类原始社会历史博物馆”“天然温室”之称，被誉为“养生休闲之乡”的小邑元谋，常年气候温暖，元谋县城是楚雄彝族自治州乃至全云南少有的不夜城。小城不夜，因为这里有冰火饕餮的美食盛宴。这里是冷饮的世界，烧烤的天堂。

元谋冷饮几乎遍及每一条街，但最为集中的要数闹市区的凤翔街。从日落黄昏开始，凤翔街就被街道两旁行道树上的一串串晶莹透亮的水晶灯点亮。放眼望去，整条街如流萤飞舞，群星攒动，走在街上如在仙境，如在画中，如梦似幻。水吧鳞次栉比，沿街两旁一字排开，云尚水吧、遇尚水吧、热带雨林水吧、零度水吧、米诺水吧、心逸水吧、玖缘水吧、馨愿水吧、再回首水吧、后街水吧、玻璃杯、捉果记……光是这些店名就耐人寻味，让人不忍离去。

邀约心仪的朋友，或带上爱人和孩子，围坐在一张或方或圆的桌前，要几杯冷饮，来几碟零食，有不过瘾的，再叫几杯啤酒，上几盘小吃，一边聊天一边欣赏街边的风景。把夜晚的美好时光浸泡在色彩斑斓的果汁中，把暑气和心头的燥热一并泡在凉丝丝的冷饮

烤豆腐

中化将开来，漫不经心感受生命中的美好时光，或拉拉家常，谈谈乐事；或享受一曲轻音乐，眺望街那边的风景；或索性什么也不想，对着街灯和闲人发发呆，享受着小城特有的活力夜色。时间就在冰沙中慢下来，在奶露中静下来，在果味中生动起来。小城物产丰富，盛产热带、亚热带各种水果，四季鲜果不断，柠檬汁、西瓜汁、芒果汁、菠萝汁、葡萄汁、草莓汁、杨梅汁、木瓜汁、橙汁应有尽有，水蜜桃冰沙、草莓冰沙、菠萝冰沙、蓝莓冰沙、火龙果冰沙、椰奶冰沙、香草冰沙、香芋冰沙样样俱全，蜂蜜柚子茶、蜂蜜柠檬茶、冰糖雪梨茶、蜂蜜芦荟茶、金橘柠檬茶沁人心脾，各种各样的奶茶、奶昔、奶露可多了去了。有些冷饮的名字不仅赚人眼球，而且叫你看了就挪不动双脚，什么“洛神之恋”“来自星星的诱惑”“蓝色岛

屿”“血色浪漫”“卡布奇诺”。小吃也别有风味：小锤干巴、柠檬鸡脚、卤鸡翅、卤鸭脖、烤罗非鱼、酸辣水晶猪皮、奥尔良鸡翅、秘制炒鸡脚、烤豆腐、烤肉串……这些风味特别的冷饮和小吃，让吃货们坐下来就迈不开腿。抑或独自一人，要一杯心仪的冷饮坐在街边的竹椅上，看着车水马龙和熙来攘往的人群。小城的热闹让寂寞者不再寂寞，让孤独者不再孤独，让流浪的心找到了彼岸。神秘的夜色让疲惫的心灵找到了梦中的家园。

如果说冷饮是元谋小桥流水之静美，那么，烧烤自有江河澎湃的热闹。元谋预设着烧烤的饕餮盛宴，是吃货们必到的福地。

城里很多街上自然也有烧烤，但最热闹的要数七棵树烧烤城。一个小县城，数十亩的土地上，竟然有上百家的烧烤店。华灯初上，烧烤城就炊烟缭绕，馨香四溢。晚餐没喝酒的在这里借烧烤比酒性，晚餐喝醉了的在这里比豪气。菜总要满桌上，不满桌不能表达元谋人的热情，酒自然也要满上，不满上不能表现元谋人的豪情。大江南北的烤肉在这里都有，东西方向的饮食精华在这里聚

烤凤爪

合，谁叫咱们是东方人类的发祥地。每一种食品的烧烤都品种齐全，加工精细，如果你要分类来吃，一个食品类别就可以摆上一桌：烤猪蹄、烤猪尾巴、烤猪肾、烤猪胰腺、烤猪小肚、烤肥肠、烤粉肠、烤猪皮；烤鸡翅、烤鸡腿、烤凤爪、烤鸡胗、烤鸡脚筋；烤黄鳝、烤泥鳅、烤生蚝、烤鱿鱼、烤螃蟹、烤虾、烤鱼……当然，风味特别的各种烤牛肉、烤羊肉、烤兔肉、烤豆腐就不一一列举了。如果需要来点荤素搭配，盛产蔬菜的元谋，一年四季，各种时鲜的蔬菜在烧烤摊上也是应有尽有；如果需要点冷热搭配，卤牛肉、卤牛肝、卤鸭头、卤鸭舌、卤鸭脖、五香卤肉、五香驴肝、卤花生、牛凉片、驴凉片、凉拌猪肚、凉拌牛肚、酸辣鸡脚、凉拌花生真是数不胜数。

元谋烧烤用炭火烤炙，工艺精致，配料独特，师傅们的烧烤技术老道，火候拿捏得恰到好处，所以烤味足、味道正、口感纯、风味独特。纯正的烧烤配上元谋正宗的高粱、玉米等

烤罗非鱼

粮食精酿的羊街小灶酒、唐氏老坛香，可以说是唯美的享受。几块烧烤下肚，几杯烈酒入口，催出一身热汗，冬天可以御寒，夏天就如同洗了一次桑拿，由心底生出的温暖和热情，瞬间化为愉悦的交谈和爽朗的笑声。这时只见觥筹交错，敬酒声、碰杯声此起彼伏，祝福声、问候声源源不断。尚歌者唱起酒歌、尚舞者翩翩起舞，不能歌、不能舞者猜拳行令。碗筷相触的亲昵声、碰杯声、谈笑声、歌舞声、猜拳声，好不热闹。这种热情迅速在小店中蔓延开来，进而传到街上，飘向夜空……在这里，三杯酒下肚，陌生人变成了朋友，外乡人变成自家人，友

❶ 元谋哈密瓜

❷ 葡萄

谊在这里开花，恩怨在这里变成青烟几缕，所有的疲惫和无奈都烟消云散，生活就像越烧越旺的炭火，生活就像满屋弥漫的馨香和热气。红土地的热情，高原人的豪气，热坝汉子豁达的胸襟与洒脱在这里展现得淋漓尽致。吃着香味独绝的元谋烧烤，外乡人总是竖起了大拇指，本地人常常自豪地说："从老祖先到现在，咱这烧烤足足有170万年的历史了！"

元谋，不夜的活力小城，源自这块热浪四溢的红土地孕育出的火一样的激情，源自勤劳的元谋人精心佳酿的冰火饕餮，更源自祖先170万年来留下的深沉眷恋的梦。

烧烤

民间故事与传说

那片土地，蕴藏着很多美丽的传说。

凤凰山的传说

元谋县城西面有一座山形同起飞的凤凰，两翼向上高高翘起，人们把它叫作凤凰山，有一条河蜿蜒流过凤凰山脚下，叫作龙川河。关于此山此河，有一个美丽的传说。

相传远古时期，元谋是一片汪洋大海。这一片海域阳光温暖，天蓝水碧，鱼虾成群，是西海龙王的故乡。海岸的西面群山兀立，直上云天，山上烟云雾绕，古木参天，珍禽异兽出没其间。这里是凤凰的乐园。

为了争夺领地，龙族和凤凰族展开了龙凤大战，龙族用水战，凤族用火攻，两方全民皆兵，男女老少披甲上阵，每天喊杀声震天，打得天昏地暗。这场浩劫历经三百年之久仍不分伯仲。三百年，海水干了，鱼虾死了，海底的岩石露了出来，海变成了江，江又变成了河；三百年，树木被火烧死了，山上光秃秃的，岩石烧成了黑石头，飞禽走兽战死的战死，逃走的逃走，往日的乐园变成了一片废墟。两败俱伤，不分胜负之后，两族将官司打到玉帝那里，玉帝不忍生灵涂炭，

凤凰湖

责令双方立即停战，同时颁发了一道禁令，两国百姓老死不得往来。经历了数百年的休养生息，山青水碧，龙族和凤凰族又恢复了往日的生机。

龙族中有一位英俊潇洒、勇敢无畏的王子叫白龙，而凤凰族中有一位年轻美貌、温柔善良的公主叫凤玉。白龙觉得整天待在水里很是无聊，常常偷偷地爬上云端到天空中透透气，有时也化作凡人到民间走走。但他对西面被称为禁地的凤族领地总是多了几分好奇。

有一天，白龙突然产生了一个大胆的想法，他要到那块被长辈们称为到处是妖魔的凤族领地上去走走。因为他眼中的凤族领地烟萦雾绕，似乎包裹着很多神秘。于是他开始怀疑长辈们的看法。产生怀疑的白龙装扮成猎户往凤凰族的领地走去。

在凤凰山山脚，白龙看到了漫山遍野的山花，红如朝霞，艳如牡丹，树上百鸟齐唱，凤凰和鸣，落花铺了一地，有如天宫的红毯。往山中走，景色越美，珍禽异兽越多。到了山顶，在马缨花和杜鹃花

凤凰湖

开得最灿烂的地方，一个半月形，可鉴日月的凤凰湖展现在眼前。这湖水清澈得可见湖底的沙石鱼虾，湖中红莲、白莲竞相开放，碧叶之下，秀水之中，七色鲤鱼自由自在地游弋嬉戏。这可是白龙一生中看到的最清最美的湖水。他喜不自胜，正欲跳下湖中痛快地享受享受。忽然被顺水而来的歌声迷住了。

凤凰花开凤凰飞
凤凰湖水亮心扉
红莲花开千万朵
谁为解开相思锁

凤凰花落凤凰叫
凤凰只为梧桐笑
朝霞落入凤凰湖
湖水清清不解愁
……

歌声婉转悠扬，悦耳动听，如风过红莲，鱼入清波。歌声中又略带缕缕忧伤，如月下西楼，雁过空山。循声而去，远远地见一女子在红莲深处翩翩起舞，体态轻盈，身姿婀娜，舞姿优美，红绫舞动之处，鸢飞鱼跃，不知是她手中舞动的红绫染红了西天，还是西天的晚霞染红了她的红菱。白龙完全陶醉了。此歌此舞，只应天上才有，人间闻所未闻，见所未见。白龙情不自禁地打开歌喉应和而歌：

凤凰花开凤凰飞
凤凰湖水惹相思
红莲花开千万朵
不知哪朵属于我

凤凰花落凤凰叫
白龙只为凤凰笑
晚霞落入凤凰湖
红莲一朵解千愁
……

循歌而去，两个青年男女一见倾心，白龙被凤玉公主的美貌和温柔深深吸引，凤玉也被白龙王子的英俊潇洒深深打动。两人悄悄藏在凤凰山的双凤洞中私订了终身。从此，这一对情侣常在双凤洞幽会。

话说凤玉很小的时候就被父母许配给了邻国的牛王王子。牛王身怀奇力，能移山拔石，自封为王。可是凤玉打心眼里就不喜欢牛王，大喜的前一天，她突然离家出走，消失得无影无踪。找了三天三夜，大家在凤凰崖上找到凤玉公主，但凤玉宁死不从，若要她嫁给牛王，她宁肯从悬崖上跳下去。凤玉是父母的掌上明珠，无奈，凤凰国王只得取消了婚礼。

白龙和凤玉幽会的事被牛族的王子牛王知道后。牛王大怒，一路追杀白龙。于是凤凰山上展开了一场旷日持久的牛龙大战。牛王吐出烈火，烧毁了良田万顷，民房千座，烧毁了森林无数。在大战中，牛王烧坏了白龙的右侧龙翼，白龙打断了牛王的一只牛角。但为了保护百姓，白龙从海中汲水救火，直到海枯石现，最终因体力不支，白龙只得退回家中养伤。

得不到凤玉的欢心，牛王恼羞成怒，对着凤凰山就是一牛角，只听得一声天崩地坼的巨响，高耸入云的凤凰山几乎被夷为平地，凤山

和凰山中间裂开了一条长长的口子，被一分为二，双凤洞也几乎被完全掩埋。

这场牛龙大战给凤凰王国带来巨大的灾难，百姓流离失所，生灵涂炭。被凤凰王国信奉为神山的凤凰山遭到了灭顶之灾，高山夷为平地，树木烧成炭灰，石头烧成焦黑色，大片的梧桐林和凤凰林被烧死，异兽遁形，百鸟绝迹，到处只听到凤凰悲啼，流云哭泣。凤凰国王一纸诉状将白龙告到天庭。白龙因为犯了天条，被西海龙王锁在了海底深宫，三年不得见天日。见不到白龙，凤玉整天以泪洗面，三个月不吃不喝，日日到海上来寻白龙。她每天把与白龙初见时的《凤凰恋曲》从日升唱到月落，歌声凄婉动听，白云止步，思妇落泪。

三年以后，白龙养好了伤，愈合了翅膀，他挣脱牢笼，到凤凰山来找凤玉。在双凤洞中，白龙看到奄奄一息的凤玉，嘴角沾满血迹。白龙为凤玉唱完了《凤凰恋曲》的续曲后，凤玉在白龙的怀中永远地睡着了。涅槃后的玉凤变成了一只凤凰，无法回复人形，日日在凤凰山中悲啼。她嘴角悲啼而出的血染红了凤凰树，从此，凤凰树开出了鲜艳夺目的花朵，叫作凤凰花。

为了守护凤玉，白龙在凤凰山脚下化作一条河，日

❶江边

❷晚霞

日守护着凤玉公主的魂魄，滋养着元谋万顷良田，后人把它叫作龙川江。

牛王因凤玉的死爱恨交加，羞愧难当，抑郁而终，化为一座山，匍匐在凤凰山脚下，后人把它叫作牛王山。

彝族英雄阿鲁举热

在元谋县小凉山黑彝族地区，广泛流传着彝族英雄阿鲁举热的故事。

很久很久以前，有一个名叫卜莫乃日妮的彝族姑娘，她是龙王的孙女，长得非常漂亮，她是彝家第一个会织布，第一个会做罗锅帽，第一个会做裙子和衣裳的人。姑娘长大了，花了三年时间做好九顶罗锅帽，缝好九套新衣裳，织好九条花筒裙，憧憬着做一个美丽的新娘。

一天，卜莫乃日妮手托下巴呆呆地坐在院子里想心事，忽然天上飞来一只老鹰，老鹰身上滴下三滴血，第一滴滴在姑娘的罗锅帽上，第二滴滴在姑娘的披毡上，第三滴滴在姑娘的百褶裙上，不知不觉间，姑娘的肚子大了起来，怀孕九月零九天，在龙年龙月龙日这天，生下了一个儿子，取名“翅骨阿鲁”。这孩子生下来，不吃人乳，不穿衣服。孩子有娘没爹，卜莫乃日妮很着急，问猪猪不应，问鸡鸡不理。把他抱去大树脚，可是他不吃树的果，不穿树的皮；把他抱去斑鸠窝，他不吃斑鸠的食，不穿斑鸠的衣。正在无可奈何的时候，一只鹰从头顶飞过，卜莫乃日妮忽然想到使她怀孕的老鹰的血。她就带着阿鲁举热找到老鹰的巢穴，把儿子抱给老鹰抚养。后来，人们就叫他“阿鲁举热”（鹰的儿子阿龙）。

阿鲁举热日夜思念母亲，长大成人后，他告别了老鹰父亲去找母亲。他向东走，翻过九十九座山没找到母亲；向西走，蹚过九十九条河没有找到母亲；向南走，问了九十九户庄稼人，没有母亲的音讯；

向北走，问了九十九户打鱼人没有母亲的消息。没找到母亲，阿鲁举热却被日姆阿之（部落头人）抓到，沦为奴隶，给日姆放猪砍柴，耕田种地，每天起早贪黑，吃猪食，睡狗窝，干活动作稍稍慢点就要挨打受骂。阿鲁举热受尽非人的折磨。有一天，他在山上放猪，七头母猪领着七窝小猪各跑一个山头。他只有两条腿，怎么也追不着。猪跑丢了，他东找西找找不着，不敢回家。找到坝子里，遇到了一个好心的汉族大哥。汉族大哥家里有三只鹅，准备杀一只款待他，但是他说："我们都是长翅膀的后代，我不吃长翅膀的肉。"他谢绝了汉族大哥的款待。第二天早上天刚亮，阿鲁举热起身要走，刚走到河边，看见昨天的那三只鹅早早地在那里等他。这三只鹅开口说话了，公鹅说道："你不吃长翅膀的肉，救了我们一家的命，你是个好人，你有什么难处只管跟我们说，我们一定帮你。"阿鲁举热就把他如何找母亲，如何被日姆阿之抓住沦为奴隶所受的折磨告诉了三只鹅。为了感谢他的救命之恩，鹅送他两件宝物。公鹅抖三抖，没抖下羽毛，小鹅抖三抖，也没抖下羽毛，母鹅抖三抖，从身上抖下了一根羽毛。母鹅告诉阿鲁举热说："这不是一根普通的毛，是一支神箭。你拿着这支神箭到对面的大石板上绕三圈，石门会打开，里面丢出小针你莫接，丢出大针你莫接，丢出罗锅帽你赶快接着。罗锅帽里装着九十九拃长的头发。但那不是普通的头发，是神线。你用我身上抖落的羽毛为箭，用神线为弓，指山山会垮，指海海会干，指人人会死。"阿鲁举热照着母鹅所说的方法去做，果然得到了神线。

阿鲁举热拿着两件宝物回到日姆阿之家。才进家门就被日姆阿之一顿臭骂。看见他手里拿着鹅毛和头发，日姆阿之更加气愤，怒斥道："你不好好放猪，不好好砍柴，丢了猪，柴也没砍，你一进门就拿着手中的烂东西玩，不打断你的手我誓不为人。"阿鲁举热说："我拿的是神弓神箭，指山山会垮，指海海会干，指人人会死。"日姆阿之不相信。让阿鲁举热指给他看，阿鲁举热说："你是我的主人，你叫我指我就指。"阿鲁举热于是举起神弦神箭对准山崖，只听见轰隆一身巨响，山崖倒塌下来；对准小河，只见一缕青烟飘起来，河水全干了。日姆阿之慌张起来，但嘴还挺硬，对阿鲁举热说道："你能使山垮，让水干，那些都是没有生命的东西。你指指我的大黑马看看。"阿鲁举热举起神弦神箭，大黑马一个趔趄跌倒在地；正对着马指了一下，大黑马长啸一声后死去。日姆阿之想，狗能够辟邪，就对阿鲁举热说："有本事你试试我的大白狗。"阿鲁举热刚握紧神弦神箭，大白狗全身像筛糠一样地发抖；直指一下，狗狂吠一声倒地而死。日姆阿之害怕起来了，想跑，又觉得没面子。转念一想："我是主子，他是奴隶，哪有主子怕奴隶的道理。"于是壮壮胆子后对阿鲁举热说："你指死了的都是些命小的短命鬼。有本事你指指我看。"阿鲁举热说："你是主子，我是奴隶，我不能指你。"日姆阿之认为自己是部落首领，有身经百战而不死的大命，完全是因为有天神相助，区区一个奴隶不能把他怎么样。于是大着胆子呵斥道："我叫你指，你就指，死了不叫你偿命！"阿鲁举热只好慢慢举起神弦神箭对着日姆阿之指了一下，日姆阿之踉踉跄跄站立不住，阿鲁举热对准日姆阿之的心口指了一下，日姆阿之惨叫一声，一头栽倒在地

上死了。

残暴的日姆阿之死后，许多奴隶被释放，大家敲锣打鼓欢庆了三天三夜，然后推举阿鲁举热做部落首领。日姆阿之家的田地房产全归了阿鲁举热，日姆的两个女人也成了他的妻室。

日姆阿之死了，可世间仍不太平。当时，天上有七个太阳，晒得万物枯焦，有六个月亮，亮得不分白昼，水桶粗的蟒蛇在吞噬人畜，簸箕大的石蚌在糟蹋庄稼。阿鲁举热决心为人民除掉“四害”，他砍岩桑树做弓，用九十九拃长的头发做弦，站在蕨树枝上射太阳和月亮，蕨树枝压趴在地上，阿鲁举热对着蕨枝说：“蕨枝啊蕨枝，你不成器啊，以后你只能让人当菜吃。”从此以后，蕨枝一发嫩芽，人们就把它掐来当菜吃。阿鲁举热站在松树上射太阳和月亮，青松枝丫踩断了，阿鲁举热对着松树说：“松树啊松树，你骨头是硬的，树叶也是青的，想不到这么脆弱，以后你只能给人们当火把，人们砍了你，你就再不会发枝丫。”从此松树砍掉以后就再也长不起来，只有借风的力量把松子吹到别处去生长。阿鲁举热站在羊耳朵树上射太阳和月亮，羊耳朵树叶团在一起撑不开，阿鲁举热对着羊耳朵树说：“羊耳朵树呀羊耳朵树，你叶子团团张不开，以后你不会长成材。”从此羊耳朵树就成不了材。后来站在马缨花树上射太阳和月亮，终于把祸害人间的六个太阳五个月亮射了下来，只留下一个太阳和一个月亮做种。阿鲁举热对着马缨花树说：“马缨花树呀马缨花树，你是好样的，以后你不要长成材，人们就不来砍你了，只是用你做饭勺、用你做酒杯，人们吃饭喝酒都不会忘记你。你的花是金花银花到处都可以见到。”从此以后，彝家人最崇拜马缨花。天上只剩一个太阳，只有一个月亮，阿鲁举热制服了吞噬人畜的大蟒蛇，只许它长得竹棍子粗；制服了糟蹋庄稼的大石蚌，只允许它长得手巴掌大。从此，天地间白天和黑夜分明，大地一片生机，夜空一片明净，人们免遭瘟疫，庄稼有了收成，大家过上了太平安康的好日子，阿鲁举热成了彝族人民心目中的大英雄。日姆阿

凤凰元素

展翅

之的大老婆和小老婆也深深爱上了这个大英雄，四山八寨的人都把他奉为神人。

话说卜莫乃日妮把儿子送给老鹰喂养后，鹰的食他吃了，鹰的衣他穿了，也不哭了。于是，她放心地转回家。半路上，突然一阵妖风迎面袭来，顿时白天变成黑夜。卜莫乃日妮被妖风卷进妖洞中。老妖婆张开血盆大口向卜莫乃日妮扑来，想吃掉她，可是一触着她的身子，就全身发麻。因为卜莫乃日妮是龙的后裔，她身上又有神鹰的三滴血护体。老妖婆吃不了卜莫乃日妮，但也不放她，让她在妖洞里受折磨。

卜莫乃日妮在妖洞里整整过了十六年，她自言自语地说："儿啊，你该长大成人了吧？你知道妈妈在受苦吗？"说也奇怪，母亲自言自语地说话的时候，阿鲁举热的心就会感应，他感觉自己的心嘭嘭嘭地跳了三下。他慢慢回忆起了母亲。回忆渐渐变成浓浓的思念，阿鲁举热就背上弓箭，向两个妻子和家人告别，走上了寻母之路。

阿鲁举热翻越九十九座山，蹚过九十九条河去寻找母亲，问遍了所有人，没有人知道母亲的去向。他问山山摇头，问水水不应。有一天，阿鲁举热走到一个边远的小山寨，发现这个山寨的村民即使白天也关门闭户，特别是年轻姑娘都躲在家里不敢出门。阿鲁举热前去打听，只见姑娘们个个愁眉苦脸，大家都不敢说话。阿鲁举热对她们说："我是阿鲁举热，你们有什么难处可以告诉我，我一定帮助你们。"一听是大英雄阿鲁举热，姑娘们都争着抢着把真相告诉他。

原来，在西边的山洞里住着一个老妖婆，耳朵很尖，谁在背后说她的坏话，她都听得到，谁议论她，谁就会被吃掉。老妖婆特别爱吃年轻姑娘，每一个月都要抓一个姑娘去吃。阿鲁举热心中暗想："莫不是我母亲也惨遭老妖婆的毒手？"为了为民除害，阿鲁举热就向老妖婆居住的山洞方向走去。

阿鲁举热路过一块草坪，遇到一匹神马。这匹神马长着九层翅膀，经常在草坪上横冲直撞，无人敢接近它。阿鲁举热看到神马，心中暗喜。心想："把它拉来当坐骑该多好！"那神马看到有人走进自

己的领地，气势汹汹地扑了过来，阿鲁举热趁机一跃，稳稳地骑在马背上，然后运足神力往下一压，神马立即被压倒在地，动弹不得。神马哀求说：“大英雄阿鲁举热，请你饶我一条命！我愿当你的坐骑听你使唤。”于是，这匹神马就成了阿鲁举热的坐骑。

阿鲁举热骑着神马来到一片松林，忽然一头长着三只角的野

入水

牛精拦住了去路。神马告诉野牛精说："这是大英雄阿鲁举热，赶快让路！"野牛精不答话，一头撞倒一棵树，然后大吼一声向阿鲁举热直冲过来。阿鲁举热一闪身子，在与野牛擦身相遇的时候顺势用力拔掉野牛精的一只角。顿时，血汩汩流出，野牛精满头满脸都是血，眼睛也被血块粘住，什么东西也看不见。野牛精跪地求饶说："大英雄，饶我一命吧！以后我不敢与你作对了。我会老老实实地替百姓拉犁耕地。"从此，只剩两只角的野牛改掉了野性，乖乖地为老百姓耕地。

阿鲁举热骑着神马继续往前走，要到妖洞里去寻找妖婆。神马告诉他，妖婆特比阿嫫非常厉害，她嘴里喷出的水，能把人喷倒；她念咒语，能把人咒死；她的爪子像刀子，能一把抓出人的心。阿鲁举热准备了三把倒钩，来到妖洞前。妖婆闻到生人味，高兴得惊叫了两声走出山洞来。妖婆刚张开嘴，还没来得及喷水，阿鲁举热一把倒钩钩住了妖婆的舌头，妖婆有咒语也念不成了。另外两把倒钩钩住了妖婆的两个手掌心。使不出巫术，巫婆只得跪地求饶，答应带阿鲁举热去找母亲。有老妖婆带路，阿鲁举热很快在山洞里见到关了十六年的卜莫乃日妮。他看着母亲瘦得像一根枯柴，心中一阵酸楚，抱着母亲伤心地哭了起来。在这个时候，妖婆便趁机逃跑了。可是不管她跑到哪里，倒钩都取不出来。妖婆从此再也不能抓人和咒人了。阿鲁举热背着母亲，骑着神马，回到了自己的领地。

回到家后，卜莫乃日妮才知道日姆阿之已经死了，儿子成了部落首领。她还知道阿鲁举热就是射落太阳、射落月亮，把白天和黑夜分开的大英雄。她现在成了英雄的母亲，高兴地夸赞阿鲁举热："我儿子不愧是龙和鹰的后代！"卜莫乃日妮还想试试儿子的孝心。她对儿子说："妖婆折磨我十六年，我天天夜里出冷汗，听说獐子血可以补身体，你能找到吗？"阿妈的话音刚落，阿鲁举热就出门去了。不到一锅烟的时间，他提回来三只獐子交给阿妈。卜莫乃日妮又说："妖婆吓了我十六年，我日日心跳，夜夜心惊，听说鹿心可以医治。"转过身，阿鲁举热又打回来三只马鹿。母亲又说："我在妖洞十六年，听不到外边的声音，现在一听到声响，我就胆怯，听说熊胆可以医这个病。"一会儿工夫，儿子就从外面打回三只黑熊。卜莫乃日妮喝了獐血，吃了鹿心、熊胆，身体很快恢复了健康。

卜莫乃日妮想，儿子终日奔波，除妖除害，射掉了多余的太阳和月亮，为人们做了很多好事，应该让他享几天清福。她对儿子说："阿鲁举热啊，你生下地就一直在奔忙，我这当妈的看着实在不忍心，部落的事由阿妈来料理，你去找你的妻子，好好过几天清闲日子吧！"阿鲁举热想，母亲是部落里最受尊重的人，有母亲料理部落里的事情，自己可以放一百二十个宽心。于是骑着马去找他的两个妻子。

大老婆住在大海的西面，小老婆住在大海的东面。阿鲁举热

骑着神马，飞越大海，东边住几天，西边住几天。两个老婆对他都很好，谁都想留下他，不舍得让他离去。阿鲁举热也深深爱着两个老婆，他谁也不舍得搁下。可是这种甜蜜的日子并没过多久。过了一段时间，小老婆心生嫉妒，要阿鲁举热长期住在她那里，不让他去看大老婆，阿鲁举热摇摇头没有答应。一天夜里，小老婆用剪刀把神马的翅膀偷偷剪掉了三层。天还没有亮，神马就“咴咴”叫起来。阿鲁举热以为神马催他，就骑上神马向西飞去。飞到海中心，神马飞不动了，渐渐向海里落去。阿鲁举热摸摸神马的翅膀，发现九层翅膀被剪掉了三层，这才知道中了小老婆的毒计。水淹齐脖子的时候，他朝天喊道：“我的父亲神鹰呀，救救我吧！儿子中了女人的毒计。”语音刚落，涌来一股海浪，阿鲁举热和神马便一齐淹没在大海之中了。

神鹰听到儿子的喊声，成群结队地飞到大海上空，跟海龙王要儿子。龙王说：“阿鲁举热是龙的后代，我们自家的事不用外人管。”鹰说：“阿鲁举热是鹰的儿子，我要要回我的儿子。”两家争吵不休，谁也不肯让步，结果耽误了救阿鲁举热的时机。阿鲁举热就这样永远地埋葬在大海深处。两家相互迁怒，越吵越激烈，于是发生了惊天动地的龙鹰大战。龙鹰大战的消息传遍整个部落，卜莫乃日妮和阿鲁举热的两个妻子才知道了阿鲁举热葬身大海。她们跑到海边哭喊，母亲哭喊：“还我儿子！”妻子哭喊：“还我男人！”哭喊之声使天变色，使地动容。卜莫乃日妮坐在大海的北边哭，泪水流成小溪；阿鲁举热的大老婆坐在大海的西边哭，泪水变成江河；小老婆也坐在大海的东边悔恨地哭泣，哭声使猿猴悲啼，使仙鹤惊飞。她们哭呀、哭呀，眼泪哭干了，卜莫乃日妮在大海北面变成了一座大山，阿鲁举热的大老婆在海的西面也变成一座大山，小老婆良心不好，在海的东面变成一块大石板，天天被人踩来踩去。

阿鲁举热是彝族人民崇敬的伟大英雄，为了纪念他，元谋县小凉山的黑彝族（诺苏）在亲人去世后，都要请毕摩来演唱《阿鲁举热》，以祈祷死者的灵魂回到英雄祖先阿鲁举热的身边，希望亡灵得到阿鲁举热的护佑。毕摩身穿披毡，手持木刀，一边喝着烈酒，一边跳着原始古朴的舞蹈大声吟唱，气势威武，气氛热烈。这既是对亡灵的超度，又是对英雄祖先阿鲁举热的礼赞。

彝族英雄阿鲁举热的故事就这样在元谋小凉山代代传颂。

吾必奎与九围大树的传说

相传吾必奎身材高大，勇武过人，马术刀术剑术无不精通，箭术尤其了得，张弓搭箭就能射下天上的飞鸟。有一天，他梦见一位童颜鹤发的高人，这位高人告诉他："明将亡，彼可取而代之。"这位高人还传授他点豆成兵之术，说可以做举事之用。

吾必奎的父亲是个风水先生，常给人家看门相撵坟地。他临死的时候，对儿子说："我死之后，一不要铁链拴，二不要龙扛抬。要灯草做拴索，麻秆做抬杠。"吾必奎问："埋在哪里？"父亲答："灯草绳在哪里断就埋在哪里。"

父亲死后，吾必奎谨遵父亲的遗嘱。当棺材抬到一片到处是黑石头的地方，灯草绳断了。这时，突然下起雨来。一个老者说："嗨！不愧是看坟地的人，日子确实选得好。我们先去躲躲雨再来葬他吧。"于是，帮忙的人们到大树下躲雨去了。过了一

会儿，天晴了。人们转来一看，那口黑漆棺材已被数不清的黄蚂蚁用泥巴掩埋起来了。大家大吃一惊，认为这是天意，不敢再挪动一步。

晚上，吾必奎的父亲托梦给他，叫他拿三斗芝麻绿豆于半夜时分去屋后挖三个深坑埋起，一百天后再打开，那就是他的兵将。等到日出卯时，皇帝早朝时，就爬上牛街九围大树尖，射死京城的皇帝，然后，带领芝麻绿豆兵杀进京城，自己当皇帝。

第二天，吾必奎便照他爹说的话去做。早早地准备好三斗芝麻绿豆，等到半夜三更拿去屋后埋起来。自此，吾必奎一天一天地等呀等。由于他性子急，才有九十九天就急急忙忙地打开了。只见三斗芝麻绿豆兵大多数变成了人。有的弯腰拣枪，有的身披铠甲准备上马，有的刚睁开眼睛，尚未翻身爬起。由于时间没埋足，那些芝麻绿豆兵将见了阳气，个个萎缩倒地死了。吾必奎背着弓箭爬上牛街九围大树尖，才到寅时，就张弓搭箭，朝京城连射三箭。第一箭射在皇宫金柱

上；第二箭射在皇帝洗脸的金盆里；第三箭射在皇帝的宝座靠背上。因吾必奎没有遵照他爹的嘱咐去做，所以射不着皇帝。皇帝卯时早朝，发现金柱上、洗脸盆里、宝座上各插着一支箭，吓了一大跳，令人拔下来一看，箭上刻着“吾必奎”三个字。皇帝恼怒，下令查访，务必满门抄斩。

皇帝派出的兵将从昆明来到禄丰仓底牛街，不问青红皂白就围村剿杀，杀得全村鸡犬不留。可怜仓底牛街，老少几百人就这样不明不白地成了刀下鬼，尸体全被丢在烂山箐里。那天晚上，一阵电闪雷鸣后，下了一阵大雨，两边的山自动合拢，成为一个大坟山。几年后，这座山炸裂开，只见满箐的白骨，一到夜里就有鬼魂出来游荡恸哭。

再说那些兵将听说杀错了人，吾必奎所居住的地方是元谋牛街而不是仓底牛街。于是大军又奔元谋而来，吾必奎势单力薄抵抗不住，被逮住砍成三截，丢在荒野之上。可是，丢在地上尸体第二天又自动复活了。皇帝的兵将发觉，又将他逮住，杀死后，悄悄派人在旁边看守尸体。晚上，吾

“豹子”

必奎的尸体慢慢移拢，人又复活了。他朝天哈哈大笑说：“皇帝老儿，你除非用黄扁草穿我的心，把我吊在上不沾天、下不着地的地方，才能把我整得死。不然，想整死我吾必奎，简直是做梦！”皇帝的兵将晓得后，又将他逮住，砍成几截，找了一棵黄扁草将他的心穿通连起，又打了口大铁棺材，用一副大铁链拴起。然后，把他的碎尸拣进铁棺材里，吊在凤仪村山背后的老鸹塘半山崖上，上不沾天、下不着地。

但吾必奎虽死，仍不足以泄皇帝之恨。皇帝传旨满门抄斩牛街吾氏。牛街姓吾的得知，赶忙把姓氏五口“吾”改为口天“吴”。大军到了牛街，满村只有姓吴的，没有姓吾的，只好作罢。所以，如今牛街多数人家姓吴不姓吾。

因吾必奎射皇帝是爬在九围大树上射的，所以将士们要砍倒这棵树。传说这树高达几十丈，树尖上可以摆一桌酒席。许多人围着砍了一天一夜，还剩下桶一般粗的树心。可是等到第二天早上，发现树又长还原了，一点被砍的痕迹都没有。将士们不信邪，又砍了一整天，树心还是连着。第三天早上，树又长还原了。大家觉得奇怪，再次把树砍了只剩树心后，悄悄派人躲在大树旁边偷听。到了半夜时分，九围大树说话了：“不怕你千砍万啄，就怕铜箍铁钉扎。”大家晓得后，用红铜丝将九围大树箍起，再用烧红了的铁钉钉进去，九围大树就再也不会长拢了。九围大树被砍倒后，从树心流出一股股红的血来。

当得知吾必奎的祖辈是黄瓜园小丙岭人氏，为了防止再有吾必奎这样的怪人出现，皇帝派来的将士们赶到小丙岭，要将小丙岭的山梁挖断，将山筋挑了。可是很多人挖了一整天，第二天早上起来一看，山梁还是长回了原来的模样。无奈，只能照砍死九围大树的经验，又派专人守在山筋旁。晚上，没挖断的山筋说起话来了：“不怕千挖万啄，就怕老牛踩着和铁犁头划着。”第二天，将士们从村民家赶来老牛，驾起铁犁犁了三天三夜，将小丙岭的山筋犁断了。从此，元谋再也没有出现过像吾必奎一样的怪人了。

花灯扮演颂太平

元谋花灯是一个以民间歌舞为基础，并吸收外来剧目、音乐、表演等艺术形式，逐渐演变而形成的地方剧种。

儿时记忆

在云南九个支系中，元谋花灯是滇北花灯的代表，在很多剧目和音乐中都保存了川北花灯的痕迹，如：《王麻子打样》《谷顿子接妹》《闵子单衣》等剧目。不但剧情人物与川北花灯吻合，使用的曲调也按来源定名，如《筒筒腔》亦称《川北调》。除此，元谋花灯还使用了很多的民歌小调、明清小曲。

元谋从什么时候有花灯演出活动呢？已故元谋花灯老艺人张万育（1892—1968）说："元谋红冈村花灯，传说在明万历年间（1573—1619）开始，到我这一辈已传唱十三代了。"这虽是传说，但元谋历史上确实出现过有影响的民间艺人。康熙《元谋县志》载："杨天顺，善歌舞。其父因人命拟罪，陷囹圄，顺以技入黔府，每宴会必令伺侧。"此外，在文艺上有造诣的人物还有杨希俨。杨为黔府典仪，与杨升庵交游甚笃。是时，升庵谪戍永昌，遍游诸郡，所至携伶以随。"希俨得学于升庵先生，文艺大进"等记载。

至清同治年间，元谋境内的歌舞活动已发展成为具有歌、舞、戏三者相结合的花灯剧种了。《武定直隶州志》载清同治十一年（1872 年）元谋县令王戬谷《灯词》三首道：

花灯结队踏歌来，献寿公堂一字排；
解识声中含乐岁，愿跻黎庶上春台。

父子天伦本至亲，芦花演出倍情真；
奎余万里成漂泊，梦里还家拜二人。

嗟余薄官滞天涯，兴味萧然度年华；
今夕忽闻歌此调，青衫司马遇琵琶。

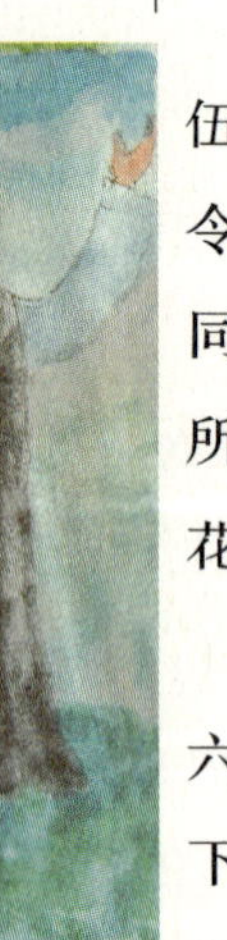

《灯词》中，不但看到“花灯”一名，还看到结队而来的花灯队伍，以及演出剧目《芦花》。《芦》剧演出技巧的娴熟感人，使得王县令大有白居易《琵琶行》中“座中泣下谁最多，江州司马青衫湿”的同感。《芦花》取材于民间《闵子单衣》故事，即明徐渭《南词叙录》所提宋元南戏《闵子骞单衣记》。近代许多地方戏曲、剧种所演《芦花记》即此故事。

清光绪四年（1878 年），元谋县城迁马街，民困渐苏，花灯又在六乡兴起。光绪二十九年（1903 年），县令叶新藻为了“节省财用”下了“春秋报赛，禁优唱戏”的禁令。然而，花灯已然成为群众喜闻乐见的民间艺术形式，其活动仍禁而不止。

清宣统元年（1909 年）正月初七，县令上任伊始，就有花灯来朝贺他。他的《麟灯词》中写道：

芒神肥，小牛高，狮戏龙灯春意娇；
喜八蛮，初鼓乐，吹笙联臂踏歌握。

采茶声里采茶忙，花雨花风欲断肠；
垢煞一双新蝴蝶，并头花里一望香。

八十多岁的省级花灯传承人——陈加寿

送郎方去望郎回，桃李花飞芍药开；
嘱咐番风花慢放，为郎吹送好音来。

从“麟灯”一词说明，当晚演出有《麒麟舞》。元谋灯社除河西、苴林大村、多克三村首演《狮子舞》外，其他都首演《麒麟舞》。在《灯词》中所说的“八蛮”即《大王操兵》一类剧目。至于采茶、采花、送郎等名词，应指采茶调、采花调、送郎调。

❶ 活在村子里的花灯

❷ 元谋酒歌

它们在《玉约瓶》《小放牛》《陈舅接姐》《接二姨娘》等剧目中使用。不难看出，此时元谋花灯剧目、曲调的丰富多样性。

民国时期，元谋花灯越趋兴盛。张万育说：“民国初年，有一个叫吴积洪的四川人到那控村烧砖瓦，他还教了那控、学庄等村花灯。”此后，元谋灯社发展到39个，演出传统剧目111个，使用曲调150多支。每年春节，灯社演出在广大农村，妙舞轻歌尽人间之乐事，高弹雅唱行天上之欢娱。在这一时期，部分灯社还到周边县市农村演出。他们演出一地传一地、学一地，不但传播了元谋花灯，还学了外地的剧目、曲调，对丰富元谋花灯的演出起到了重要的作用。

元谋花灯分文戏、武戏和庙会戏。文戏的代表剧目有

《马房高中》《长亭饯别》《玉约瓶》《闵子单衣》；武戏的代表剧目有《大王操兵》《皮秀顶灯》《打花鼓》等；庙会戏的代表剧目有《香山赶会》《祠堂相会》《韩湘子渡妻》《七星桥还愿》等。

元谋传统花灯具有载歌载舞，表演性强，乡土气息浓郁等鲜明特点，深受群众的广泛欢迎，每逢灯社演出，当地村民奔走相告，扶老携幼前往观赏，花灯场上摩肩接踵，盛况空前。当地文化名人王翰池观灯后在《华竹·竹枝词》中写道：

正二三月闹花灯，扮演吹弹见灵性。

❶ 学习民族乐器的孩子

❷ 酒歌（书）

开财连厢多吉庆，男妇争观挤数层。

元谋传统花灯曲谱分为5类：第一类源于明、清小曲，有着规范的曲牌，如《打枣竿》《叠断桥》《挂技》等；第二类来自民间小曲、小调，有《采花调》《放羊调》《龙庵歌》《山歌》等；第三类由其他戏曲声腔演变而来，有《筒筒腔》《勾腔》《勾阳》等；第四类引自洞经音乐，有《风摆柳》《居音赞》《八卦腔》等；第五类沿用曲艺说唱，有《书腔》《说春》《莲花落》等。

元谋花灯还保留了完整的传统宗教文化色彩，传统灯社供奉“老郎太子”，演员登台演出前和演出完毕都要对“老郎太子”顶礼膜拜。

相传“老郎太子”是唐玄宗李隆基的小儿子，因元宵佳节大放花灯，皇妃娘娘带着年幼的太子观看花灯，太子走失不幸被踩死于人海中，玄宗悲痛之余，追封太子为花灯神，命梨园弟子永远供奉。每一年，花灯“灯社”在演出活动中，要隆重举行“团灯”“迎圣”“褂衣”“递送灯帖”“送圣”等仪式。演出前，舞台四角各置放一盏写有“风调雨顺、国泰民安”或“五谷丰登、百业兴旺”字样的太平花灯。演出前先要由《耍麒麟》《打加官》报彩，用吉利的语言封赠主人清吉平安，加官晋爵。因此，传统花灯歌舞《耍麒麟》《打加官》《开财门》《连厢》《满堂红》等就成了灯社必须演出的剧目。

元谋传统花灯主要靠老艺人口传身授，代代相传，近年来，由于受到外来多元文化的影响，花灯老艺人越来越少等原因，不少的花灯剧目、曲调和程式化表演形式等已处于濒危状态。

1955 年后，一些专业、业余文艺工作者对元谋花灯剧目、音乐做了大量的搜集、记录工作，并整理了《三访亲》《打花鼓》《小放牛》《二愣子招亲》《借鞋》等一批不失传统花灯特征，又具有浓郁生活气息且健康向上的剧目。此后几十年间，元谋的文艺工作者先后创作出《船姑》《女大十八变》《晒衣》《小店鸡鸣》《牵马人》等花灯剧目，先后亮相于省州舞台，活跃在元谋农村和城乡。

进入新时期，花灯的保护、传承和发展，已然刻不容缓。

为此，元谋县人民政府每年划拨十万元经费，对“元谋花灯”进行挖掘、整理、保护， 精心挑选优秀剧目录制光碟发行，

使元谋花灯家喻户晓，妇孺皆知；将元谋花灯作为元谋民间文化品牌注册，实施依法保护；加强对花灯老艺人的关心和重视，为老艺人颁发艺人证书，发给生活补助费；成立“元谋花灯研究会”，对传统花灯剧目、曲谱进行专题研究，对现有的经典传统剧目、曲谱进行整理，公开出版；加强对全县业余花灯演出队的管理，对骨干传承演出队给予重点扶持。

2006 年 5 月，元谋花灯被云南省人民政府列入“省级非物质文化遗产保护名录”；2008 年 6 月，元谋花灯被国务院公布为第二批国家级非物质文化遗产保护项目。

我们有理由相信，元谋花灯这一植根于元谋民间文化沃土中的艺术奇葩，定会在中华文化璀璨的百花园中，姹紫嫣红，重放异彩！

多姿多彩的民族节日

元谋县苗族花山节和傈僳族的阔时节没有固定日子，阔时节在农历腊月初五到第二年正月初十这段时间，花山节则通常在农历正月初一到四月初八之间举行。

幸福很简单

苗族、傈僳族以对物候的观察来决定过节的日子，阔时节前后约有一个月，农历正月，是樱桃花开的季节，樱桃花盛开时就是傈僳族过年的日子。花山节前后有三四个月，在这期间，春光明媚，百花争艳，正是苗族青年踏青游春，寻偶恋爱的季节。

山花烂漫秀苗山

花山节，又叫“跳场”“跳花”“耍花山”或“踩花山”。节日期间，苗族同胞盛装汇集到传统的跳场坪，青年男女跳场中央的花杆跳舞，男青年还进行爬杆、赛马、射弩、唱歌、跳舞、选美等比赛，人数多时达几万人。

苗族同胞崇拜自然、鬼神和祖先，认为世间万物有灵，认为天地间都有看不见的“鬼”“神”主宰着。天旱、天涝要祈求龙下雨或止雨。村边寨脚或林中大而老、枝叶茂密的高大常青树，常常被当作“龙树”或“神树”加以崇拜。人死后要请师傅“指路”，历数通往祖先居住地方和迁徙的沿途地名，使亡魂到达其祖先的发祥地。日常生活中的祝福病痛、生产好坏都认为是“鬼”主宰着，触犯了鬼，就要受到惩罚。

花山节传说是祭苗族先祖蚩尤及其儿女的一个庆典，苗族先祖蚩尤被皇帝打败，后来在漫长的社会历史发展中，由于部落之间长期的相互战争，导致苗族同胞大幅度、远距离、长时期地处于迁徙，随着苗族历史文化的发展，苗族祭祀先祖蚩尤的庆典花山节也随之演变为一年一度最隆重、最盛大的节日，延续至今。

每年农历正月间，苗族人家都在堂屋里正对大门的墙上供祖宗神位和财神位，行医的人家还供奉药王神位，以一块木板上放一个香坛或在墙上贴 几张纸钱表示。苗族人家的神龛，外人不得触摸，也忌讳靠墙坐在神龛下，更不能横睡在神龛下， 因为只有死人才横睡在神龛下。家里六畜不顺，要杀小猪祭祀门神，称吃“敬门猪”。吃“敬门猪”以同姓家庭为主，于晚上夜深人静时，在主人家屋内举行，当晚一律不准讲汉话，否则必须重新杀猪 ，一切从头开始。外来客人在征得主人同意后，可以参加苗族人家吃“敬门猪”，但应一夜不语，以免违禁。吃了“敬门猪”后，一般要忌门 3 天，不准外人进入。每年农历正月间，苗族人家都兴开财门。开 了财门后，门上都要贴些红纸，谢绝外人进入。苗族人家还供有猎神位，称“能嘎”，于屋外石头旁、大树下或土坎下竖几块石头而成。猎神位严禁人和牲畜踩踏，更不允许在猎神位处随地大小便。

花山节之前，举办者要在村寨之外，选择一处较平缓的地点，于花山节前十天、八天，立上花杆作为花场。立花杆时，要择吉日，抱上公鸡去举行仪式。花杆有的地方用竹子，且只立一棵，但要在这一棵上附系一棵小花杆用于悬挂黑红相接的布带，有的地方则用杉木，且直接分立两棵，据说这有一公一母的含义，无论怎样，花杆上端都要留些竹叶或杉叶。花杆立好后，组织者要做些宣传，以让远近的人知道地点和时间。

节日期间披上节日盛装的花场，灯笼高悬，彩旗飞舞，花杆矗立。身穿对襟短衣，头缠青色长布，腰束大布带的男子和身着节日盛装、精心梳妆打扮的妇女，吹着芦笙、唢呐，敲着铜鼓，载歌载舞。花山场上人山人海，群情沸腾。当“花杆头”向前来参加节庆的人们敬酒、祝福后，便宣布花山节开始。顿时，花山场上锣鼓齐鸣，鞭炮喧天，鲜花彩旗迎风招展。人们围着花杆，踏着芦笙、唢呐、胡琴等乐器的节拍翩翩起舞。有的跳蹬脚舞、三步舞，有的打芦笙架（吹芦笙对调），有的跳狮子舞。狮子舞跳得好的，有资格爬上花杆顶端，取下两瓶好酒和一个猪头做奖品。节日活动，芦笙舞贯穿花会始终，赛歌是花会的主要项目。芦笙舞给人一种轻松，一个鲤鱼打挺，身体倒转一百八十度，循环反复一直攀到杆顶亮相。表演者双脚夹住花杆倒挂，吹着芦笙下滑，距地面数尺时，一个筋斗翻下，轻盈自如，赛过体操运动员的技巧，博得全场喝彩，妇女的织麻穿针比赛，饶有风趣，比赛搓麻绳、穿针引线的质量、速度。勤劳、智慧的结晶为她们带来节日的欢乐。

爬杆比赛是节日的重要活动内容。人们在杆顶挂上一葫芦好酒或礼物，要求竞赛者先上杆，后下杆。

上杆头向上，下杆头朝下，一上一下，快者为胜，可奖得

彝族刺绣传承人传承刺绣手艺

杆顶的美酒礼物。节日期间还举行摔跤比赛，剽悍的小伙自愿报名上场，相互角力，胜负由场上裁判判定。跤场上的胜者，往往受到人们的尊敬，也是许多姑娘倾心的对象。跳狮子舞也是节日的重要活动之一，如果哪一架狮子跳得好，爬得高，也有酒和猪头作为奖赏。节日期间还进行斗牛，届时，斗牛爱好者从各地牵来高大雄壮的大黄牛，一头头精神抖擞，看上去难估胜负。优胜牛由主人牵到花杆前，绕杆一周，然后披红挂彩。

一年一度的踩花山节，又是苗族青年男女相互倾吐爱情、定情结友的美好时机。青年男女，一旦相爱，男的要以花裹脚，用花围腰带赠送姑娘，而女的也以自己千针万线亲手绣制的花帕、包头回赠。在表演间歇，往往会有人背着孩子在花杆脚烧香烧纸，并绕花杆几圈，以乞求孩子健康成长。在这些活动进行的同时，年轻的姑娘小伙便在花场上寻找自己唱歌乃至恋爱的对象。姑娘们喜欢成群集队站在一起，小伙们则会四处挑选，看中了谁，就上前去用伞罩住，开始搭讪攀谈，请求与对方对唱山歌。有时，搭讪攀谈实际就用对唱山歌的方式进行，若女方有意，就在伞下对答，若无意，就会走开。

彝族少女

花山节一般要过三天到六天，结束的时候，组织者要进行倒花杆。倒花杆也要抱着公鸡去祭献。花杆倒下后，有的人会将悬挂的布条剪去拴在孩子的手上，以保佑孩子健康。花杆则会被砍去用于做床，据说这样可以让使用者易于生子。这再一次体现了花山节的求子含义。

苗族的文学艺术丰富多彩，但由于苗族没有本民族的文字，凭口耳相传。在漫长的社会发展中，由苗族群众创作，在苗民中广泛流传的民间口头文学《苗族古歌》是苗族文学的主要部分，其体裁多样，不仅有民歌、情歌，还有传说、故事、谚语等等。但苗族有自己的舞蹈，且起源很早，早在宋代芦笙舞就进入朝廷表演。苗族先民在生产力极为低下的远古时代，一方面顽强地同大自然进行艰苦卓绝的斗争，一方面又展开幻想的翅膀，对当时条件下根本无法做出科学解释的宏观世界，进行种种大胆的推测，创造了许多歌颂人的力量，鼓舞民族精神，陶冶民族情操的气势恢宏、意境优美的神话。这些都在苗族花山节等节庆活动仪式中得以体现。

辞旧迎新话阔时

阔时节亦叫“盍什节”，“阔时”是傈僳语音译，“岁首”“新年”之意。是傈僳族最隆重的传统节日。因过去多以对物候的观察来决定日期，故各地没有统一、确定的节期。一般在农历腊月初五到第二年正月初十这段时间内，前后约有一个月。这期间正是樱桃花开的季节，所以每年樱桃花开时就是傈僳族过年的日子。

过阔时节内容主要是拜天拜地祈求保佑；祭祖祭宗，祈求赐福；求达各玛（三脚架）保护，驱赶天神地鬼；求天地在新的一年里风调雨顺五谷丰登。

元谋县傈僳族分布在金沙江流域，是楚雄州傈僳族人口较为集中的地区。当地的傈僳族群众过春节，家家都要舂糯米粑和糯玉米粑，酿制香醇的水酒。为祈求来年的丰收和幸福，每家都要把第一舂的籼米粑放一点在桃树、梨树上。除夕这天，不能到别人家吃饭，否则就会像月亮一样消失。所以当天晚上，每个家庭成员都不能在外边，全家老小要聚集在一块吃团年饭。过阔时节时，傈僳族同胞谁家舂出的第一块粑粑都会先拿给狗吃。据说，这是为了感谢狗“给人间带来粮种”。傈僳族民间流传着不少狗与粮种的传说，如其中一

彝族服饰

则说，古代人类浪费粮食惊人，天神知道后大怒，下令将所有粮食收回天庭。人类面临灭顶之灾。在此危难时刻，一只狗奋不顾身，顺杆爬上天宫偷来粮种，拯救了人类。

阔时节的来历有一个传说：一千多年前，在青海南部有一块一望无垠的坝子，杂居着几百户人家，他们和睦相处，互通有无，过着平静美好的生活。这当中有一户叫阿朴德扒的，膝下有三个儿子，大儿子叫阿朴德、二儿子叫阿朴华、三儿子叫阿友恒，还有阿朴德妈。一家人勤耕苦干，夫妻相敬如宾，三个儿子听话孝顺，日子过得惹人羡慕。谁知有一年，京城里派人抓兵，说前方有战事，凡家有男子的都得去，抓兵者说：你们家有三兄弟，必须上前线两个，谁去谁留，限五天内答复。三兄弟敢怒不敢言，面面相觑。晚上他们围着火塘边商量对策，研究怎样才能逃出魔掌。阿朴德说："现在摆在我们面前有两条路，一是去当壮丁，由他们摆布，那是条送死的路；一条是逃跑，远走高飞也许还有活路。"两个弟弟也有逃跑之意，但兄弟情深，此处一别，生死难卜，都不吭声。阿朴德又说："我也不忍心与大家别离，但不跑就是等死，还是跑吧。"两个弟弟又深思了片刻才异口同声回答："就这样定了吧。"说完，三弟兄一起举起鸡血酒同声发誓："走到天涯海角，不忘父母养育之恩；行至天南地北，不忘

花山节上斗牛、斗羊比赛

祖宗留根之情，不求同行同居，但求不忘同胞骨肉，活着魂牵梦萦，死了魂归故里。大胆地向前走吧，成功就在我们的脚下，年复一年又过年，人过一岁又阔时，有缘千里来相会，隔山隔水难隔心。树高千尺有根啊，人行万里回故乡。樱花初开阔时自，杜鹃花开忙春耕。传统阔时年年，落叶归根是缘分。”

翌日晚，三兄弟相互抱头放声痛哭，一把鼻涕一把泪，难分难舍，互相勉励，互相祝祷，告别祖祖辈辈居住的地方。三弟扛起弩弓第一个离开了，不知走了多少夜，翻了多少山，最后到达澜沧江边。二弟阿朴华挎起长刀，边揩眼泪，边向大哥和母亲告别，逃往南方歇脚定居。大

哥阿朴德则扶老携幼，拖儿带女沿着阴森森的黑山老箐走。饿了，吃口炒面；渴了，喝口冷水，昼夜兼程。不知翻过多少山，蹚过多少河，到了第十天，年迈体弱的母亲终于病倒了，阿朴德夫妇俩肝肠欲断但毫无办法，尽管叫了魂，祭了鬼，母亲还是撒手而去。夫妻俩只好含泪把老人掩埋，然后揩干眼泪，背起家什，带着儿女继续西行。又过了五天，他们来到了金沙江流域，决定在这山高坡陡，地势险峻、人烟稀少，远离是非之地安家落户。第二天，大家七手八脚，砍料子的砍料子，割茅草的割茅草，抬石头的抬石头，开始建盖住房。经过几天的辛勤劳动，一所三间的篾笆茅草顶石板房盖好了！ 全家兴高采烈地住了进去！ 又过了几天，为了来年的生活，大家挎着刀子，扛起锄头到有太阳的山坡、箐头、林边砍

苗族四声部合唱团在花山节上演唱

❶ 花山节上彝族大刀舞表演

❷ 苗族在花灯艺术节上表演芦笙舞

树，然后放火烧地，在平缓的地方种上水稻、麦子，坡陡的地方用树桩点播豆子、苞谷、荞子、籼米、燕麦等作物。为了防止飞禽走兽糟蹋庄稼，大家还在地边搭棚子，派人看守。没有活干的时候，男人到野外打鸟射鹿寻蜜蜂，女人在家缝补织麻布。时间过得真快，眼下又到了樱花吐艳的时节，“阔时自”（注：“阔时自”即新年树）就要到了。阿朴德对全家人说：“我们没有大肥猪，要到野外打野猪来；

高山舞蹈

我们没糍粑，用灿米粑来代替，用野猪头和灿米粑祭祖宗，表示对亡故之人的思念。”一年一次，永远传下去，这就是阔时节的来历。

节日前，傈僳人家宰猪杀羊，酿制水酒，做好籼米粑粑，互相馈赠，祈求新年丰衣足食。青年人则在村头寨场扎彩门，围起活动场。节日这天早上，各家各户争先采来青松枝叶，铺撒屋中，插在门口，以示吉祥。然后，人们身穿节日盛装聚集在所属村寨公共场所，由祭师毕扒主持，举行除旧迎新的仪式。仪式开始，将一棵松树栽在草坪中央，树枝上挂弩箭和姑娘们精心绣织的飘带衣物。树下放一个装满荞麦的大箩，周围摆上 12 小箩荞麦、12 坛新酒，以象征一年十二月。毕扒站在中间，念诵民族历史，祝福新年吉祥如意。接着，毕扒带着 12 对男女青年吹起“的噜”，唱起欢乐的山歌，到山林里抬来 12 棵小松树，栽在 12 个小谷箩的旁边，意为接回了吉祥的新年。继而将 12 坛荞麦酒分斟给大家喝，并开始射弩、跳舞、对歌和荡秋千活动。全村男女老少均陶醉在节日欢乐的气氛中。

过阔时节，从年节第一天到第十二天，表示一年有十二个月。过年期间全家都休息，每人都穿上最好的衣服庆祝节日。村中架起秋千架、跳高架，开展打秋千、跳高等民间体育竞赛。男青年

拿着“的噜”邀请姑娘到野外唱歌跳舞；老人则喝酒“唱调子”，唱累了，喝一碗水酒，休息一会儿，接着再唱，一连唱几天几夜。年节的第七天是妇女休息日，这天妇女不背水不做饭；第九天是男子休息日，这天男子既不背水也不做饭，不上山打猎。这种女七男九轮回相冲的习俗，是傈僳族代代相传的古老风俗。

节日期间，一般都要酿制水酒、杀鸡宰猪、舂粑粑，准备各种丰盛的食品。还要采折与全家男人人数相同的松树枝插在门口，寓寄祛疾除病，幸福吉祥。同汉族的习俗一样，除夕之夜要吃团圆

饭。即使有人身在他乡，家人也要为他留出席位、摆设碗筷。有的地方，从除夕开始，禁止到别人家里去，即使是分了家的父子兄弟也不能往来。直到初三后才解除限制，多数地方从初一开始，人们便聚集在晒场或开阔地，开展对歌、跳舞、荡秋千、射弩比赛等丰富多彩的文体娱乐活动。

❶ 民族节日

❷ 羊街镇苗族合唱团参加世界第六届合唱比赛现场

火把狂欢歌盛世

元谋是火把点燃的地方，这把火燃得长、烧得旺，照亮着人类漫长发展进程，人们崇拜它便自然而然。

元谋的火把节是有所不同的，火把节的由来就有多种说法，但溯其本源当与人们对火的崇拜有关。元谋人用火早，追溯下来据说有 170 万年之遥。如果专家们说的话可信，那么火崇拜当是从元谋开始的，元谋是火把点燃的地方，这把火燃得长烧得旺照亮着人类漫长发展进程，人们崇拜它便自然而然。

元谋的历史沿革有些复杂，先秦为古滇国地，西汉、东汉属益州郡，三国蜀汉时属益州云南郡。西晋属宁州云南郡。东晋至南朝梁属宁州。北朝周属南宁州。隋属南宁州总管府……元至元十六年（1279 年），元谋傣族土酋广衰于金马山归附，改华竹部为武定路军民府和曲州元谋县。

元谋民间关于火把节的来历有多种说法，但它的目的是期望用火驱虫除害，保护庄稼生长。火把节在凉山彝族（诺苏）语中称为“都则”即“祭火”的意思；在仪式祭火神歌《朵洛嗬》《祭锅庄石》中都有火神阿依迭古的神绩叙述。火把节的原生形态，简而言之就是古老的火崇拜，是彝族追求光明的象征。

火把节一说是天神与地神斗争，人们用火把助地神灭虫战胜天

神。一说出自《南诏野史》及师范《滇系》。这两书载：南诏首领皮逻阁企图并吞另五诏，将五诏首领集会于松明楼而焚杀，邓赕诏妻慈善谏夫勿往，夫不从而被杀，慈善以精明的智慧和对丈夫执着的爱恋，凭玉手镯找到丈夫的尸体并顺利安葬，滇人以是日燃炬吊之。

在元谋彝族聚居的小凉山，关于火把节由来的传说很多，其中影响最大、流传最广、最具代表性的是彝族英雄斗败天神恶魔，团结民众与邪恶和灾害抗争的故事。

相传在远古的时候，天上有六个太阳和七个月亮，白天有烈日晒得大地充满毒瘟，晚上有月亮强光耀眼，不分白昼，土地荒芜，妖魔横行，世间万物枯焦，人类濒临灭绝。就在这个时刻，彝族英雄祖先阿鲁举热站在高高的马缨花树上，用神箭射落了五个灼热的太阳和六个刺眼的月亮，驯服了剩下的最后一个太阳和最后一个月亮，治服了肆虐的洪水，消灭了残害人间

❶ 彝族火把节

❷ 野外火塘

的各种妖魔。

但是，统治天地万物的天神恩体古孜看到人间如此繁荣富足，心怀不满，于是年年派他的儿子大力神斯热阿比率天兵到人间征收苛捐杂税。后来阿鲁举热的故乡出了个彝族英雄叫黑体拉巴，他力大无穷，智慧超人。一天，黑体拉巴上山打猎，高亢的歌喉引来了另一座山上牧羊的姑娘妮璋阿芝悠扬婉转的歌声。

早就对妮璋阿芝的美貌垂涎三尺的大力神斯热阿比听说了两人的恋情，心里交织着愤恨和嫉妒。没过多久，忍耐不住嫉恨的斯热阿比便下凡挑战，想与黑体拉巴摔跤决斗。结果在摔跤决斗中，被彝族民间英雄黑体拉巴摔死，天神为此大怒，便放出铺天盖地的天虫（蝗虫）到人间毁灭成熟的庄稼。

妮璋阿芝翻山越岭，找到了天边的一位德高望重的大毕摩（祭司），毕摩翻看了天书，告诉妮璋阿芝：消灭蝗虫，要用火把。妮璋阿芝和黑体拉巴带领民众上山扎蒿杆火把，扎了三天三夜的火把，烧了三天三夜的火把，终于烧死了所有的天虫，保住了庄稼。看到这情景，恩体古孜使用法力将劳累过度的黑体拉巴变成了一座高山。妮璋阿芝看着这一切，伤心欲绝，痛不欲生，在大毕摩的祈祷声中舍身化作满山遍野美丽的马缨花盛开在黑体拉巴变成的那座高山上。这一天，正好是农历的六月二十四。

从此，彝族（诺苏）为了纪念这一天，每年的农历六月二十四这天便要以传统方式击打燧石点燃圣火，燃起火把，走向田野，以祈求风调雨顺、来年丰收。

凉山彝族少女

凉山彝族

在元谋羊街彝族（奶苏）地区，传说火把节是纪念彝族的祖先孟获、孟优、孟铁。传说诸葛亮率兵来犯，孟获、孟优、孟铁率众迎战，曾打得诸葛亮丢盔弃甲，溃不成军。后来，诸葛亮用诡计擒获孟获、孟优、孟铁兄弟后，三兄弟宁死不降，诸葛亮下令处斩时，他们的脑袋被砍下后，马上又会长还原，诸葛亮绞尽脑汁也杀不死他们，后来诸葛亮又用计骗得孟获的小老婆的信任，小老婆告诉诸葛亮说，只要用他弟兄三人各自的头发绕住脖颈，处斩后头不会再长了，诸葛亮依言在六月二十四这天才顺利斩杀孟获、孟优、孟铁。自此后，每一年的农历六月二十四这天，彝族（奶苏）人都要自觉集会纪念自己的英雄祖先。花同羊街彝族群众每一年在火把节上都要举着纸糊的红、白、黑三大王面具，手持木刀跳大刀舞，那三大王便是孟获、孟优、孟铁。

儿童在彝族火把节上摔跤比赛

元谋彝族在火把节之前，各家都要准备丰盛的食品；在节日里纵情欢聚，放歌畅饮。火把节期间，各村寨以干松木和松明子扎成大火把竖立寨中，各家门前竖起小火把，入夜点燃，村寨一片通明；同时人们手持小型火把成群结队行进在村边地头、山岭田埂间，将火把、松明子插于田间地角。远处望去，火龙映天，蜿蜒起伏，十分动人。最后青年男女会聚广场，将许多火把堆成火塔，唱歌跳舞，彻夜不息。

火把节一般历时三天三夜，第一天为“都载”，意为迎火。这一天，村村寨寨都会打牛宰羊杀猪，以酒肉迎接火神，祭祖，妇女还要赶制荞馍、糌粑面，在外的人都要回家吃团圆饭，一起围着火塘喝自酿的酒，吃坨坨肉，共同分享欢乐和幸福。夜幕降临时，临近村寨的人们会在老人选定的地点搭建祭台，以传统方式击打燧石点燃圣火，由毕摩（祭司）诵经祭火。然后，家家户户，由家庭老人从火塘里接点用蒿杆扎成的火把，让儿孙们从老人手里接过火

把，先照遍屋里的每个角落，再田边地角、漫山遍野地走过来，用火光来驱除病魔灾难。最后集聚在山坡上，游玩火把，唱歌跳舞，做各种游戏。

火把节第二天为“都格”，意为颂火、赞火，是火把节的高潮。天刚亮，男女老少都穿上节日的盛装，带上煮熟的坨坨肉、荞馍，聚集在祭台圣火下，参加各式各样的传统节日活动。成千上万的人聚集在一起，组织赛马、摔跤、唱歌、爬杆、射弩、斗牛、斗羊、斗鸡等活动。姑娘们身着美丽的衣裳，跳起“朵洛荷”。当傍晚来临的时候，成千上万的火把，形成一条条的火龙，从四面八方涌向同一个地方，最后形成无数的篝火，烧红天空。人们围着篝火尽情地跳啊唱啊，一直闹到深夜，场面盛大，喜气浓烈，因此享有“东方狂欢节”的美誉。当篝火要熄灭的时候，一对对有情男女青年悄然走进山坡，走进树丛，拨动月琴，弹响口弦，互诉相思。故也有人将

❶ 凉山火把节盛况

❷ 高山舞蹈

彝族火把节称作是“东方的情人节”。火把节期间举行传统的摔跤、斗牛、赛马等活动。这些活动，来源于英雄黑体拉巴战胜魔王（或天神）的传说，这位英雄与魔王摔跤、角力，还教人点燃火把烧杀恶灵所化的蝗虫，保护了村寨和庄稼。为纪念这一事件，每年火把节，就要象征性地复演传说中的故事，渐渐成为节日活动的主要内容。

火把节的第三天，彝语叫“朵哈”或“都沙”，意思是送火。这是整个彝族火把节的尾声。这天夜幕降临时，祭过火神吃毕晚饭，各家各户陆续点燃火把，手持火把，走到约定的地方，聚在一起，搭设祭火台，举行送火仪式，念经祈祷火神，祈求祖先和菩萨，赐给子孙安康和幸福，赐给人间丰收和欢乐。人们舞着火把念唱祝词，“烧死瘟疫，烧死饥饿，烧死病魔，烧出安乐丰收年”以祈求家宅平安、六畜兴旺。这时还要带着第一天宰杀的鸡翅鸡羽等一起焚烧，象征邪恶的精灵和病魔瘟神也随之焚毁了。然后找一块较大的石头，把点燃的火把、鸡毛等一起压在石头下面，喻示压住魔鬼，保全家人丁兴旺、五谷丰登、牛羊肥壮。最后，山上山下各村各寨游龙似的火把聚在一起，燃成一堆大篝火，以示众人团结一心，共同防御自然灾害。

彝族火把节是彝族最隆重盛大的传统节日，每年农历六月二十四至二十七日，彝族各村寨都要举行隆重的祭祀活动，祭天地、祭火、祭祖先、驱除邪恶，祈求六畜兴旺、五谷丰登，体现了彝族人民尊重自然规律，追求幸福生活的美好愿望。

第四章 遥远的记忆

滚滚长江东逝水，浪花淘尽英雄。

斗转星移，沧海桑田。

悠悠龙街古渡，见证了千百年元谋的兴衰更迭；滚滚金沙江水，目击了数万载热坝的沧桑巨变。

可以说，元谋历史的每一页，无不散发出厚重的文化气息，令人心驰神往。

在这里，徐霞客科学推断考证出长江之源；在这里，杨升庵写下许多不朽名句；在这里，红军冒死奋战巧渡金沙江。

县城、古渡、商旅……

往事、如梦、如烟……

古今多少事，都被状元公巧借一壶浊酒，装入了笑谈中。

因马而闻名以马为记忆的川滇古驿道上的重要集市——马街

苍茫的滇北古驿道，由四川越嶲（西昌）经会理，渡金沙江入元谋，经武定至滇池，辗转入洱海地区。元谋境内设姜驿、环州两驿站。元明时期，商旅往来络绎不绝，马街即为滇蜀交通线上的一个商业重镇。故有“扼巴蜀西南锁钥，控省垣北鄙藩篱”之称。清光绪四年（1878 年），县城由五甸迁往马街，马街迎来了更加辉煌岁月。

老城记忆

县城之迁

元谋县城有新城老城之分。新县城即今马街城，老县城在今老城街。唐武德年间曾设磨豫县。天宝战争后，属南诏罗婺部，后为华竹部。《元史》载，元至元十六年（1279 年）设元谋县，夷中旧名环州，元治五甸。明万历知县于文蔚在《三元宫记》中称：“元谋之设，其来尚矣。历考县治三迁，而始定于丙弄山之下，迄今将易三纪，而城垣则未讲及。万历癸卯，余与寅幕赵君始共议建筑，议上报可，即于是年之秋告成焉。”陈明了元谋县在明建文四年（1402 年）以前以土官署为县署。直至永乐元年（1403 年）方建立县署。而永乐元年至万历三十一年（1403—1603 年）的 200 年间，县城驻地曾搬迁了三次。

元至元十六年（1279 年）置元谋县，县署为吾氏土司衙署。首先设在今华竹，为广哀执政期间；次有哀吾执政（1312—1352 年），将土司衙署由华竹迁往五甸（今老城）。此为县署的第一次搬迁。《华竹新编》称：“或传西门内武弁营垣，即吾酋故署”，

乡村田野

故有“元治五甸”之说。明洪武十五年（1382 年）阿吾归明，次年洪武帝下旨，阿吾与流官张元礼相兼署县事。十七年（1384 年）张元礼病故，遂由阿吾执事。建文三年（1401 年）阿吾故，1402 年子吾忠执政，始在五甸建县官署。成化十六年（1480 年），巡捕吾起署县事，创筑土城，周一里六分（《古今图书集成》）。嘉靖中，吏制施行“土流合署”，复设流官。“土官府、州、县衙门，若仅土人一员为正官掌印，而流官为之佐贰。”（《万历野获编》）此间，由于官吏贪暴，奸臣把持朝政，招财纳贿，无恶不作，致纪纲渐颓，邪正渐淆，国势渐轻。元谋赋税甚重，民不勘输纳，流亡于外。政治保守，经济不甚发达。嘉靖八年（1529 年），杨慎被谪戍守边关，因父病卒治丧，往返于滇，路过元谋，见城无城垣，县署仅有

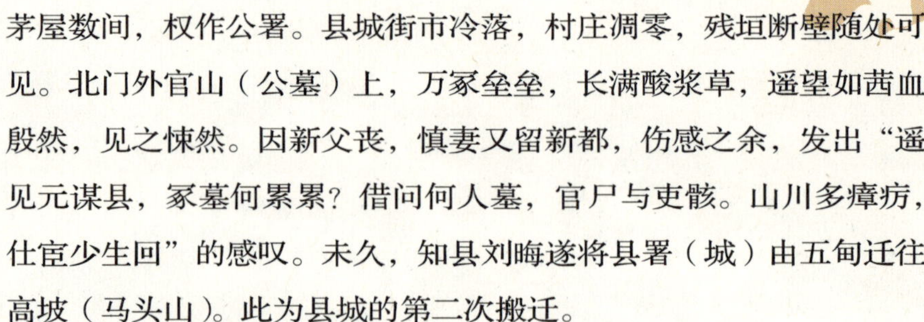

茅屋数间，权作公署。县城街市冷落，村庄凋零，残垣断壁随处可见。北门外官山（公墓）上，万冢垒垒，长满酸浆草，遥望如茜血殷然，见之悚然。因新父丧，慎妻又留新都，伤感之余，发出“遥见元谋县，冢墓何累累？借问何人墓，官尸与吏骸。山川多瘴疠，仕宦少生回”的感叹。未久，知县刘晦遂将县署（城）由五甸迁往高坡（马头山）。此为县城的第二次搬迁。

然而，马头山虽便利邮传，但地势窄逼，干旱缺水，土匪侵扰难于抵御。隆庆元年（1567 年）改土归流，地方政权废土官设流官统治，县署又从高坡迁回五甸的丙弄山（今南门山）下。此间，虽言县城搬迁，其实无城，仅迁县署而已。因而《康熙元谋县志》称，“改土归流时尚无城”。此即县城的第三次搬迁。

县城迁回五甸后，设县署于东南。西向，里外四院共 69 间，其中大门、大堂、仪门、库房等 33 间为瓦房，其余皆草房。由此又过了 36 年，即万历三十一年（1603 年），知县于文蔚到任的第二年，于文蔚与典史赵某合议兴建城垣事宜，请示获准，于是在当年秋天建成城垣。而这时所筑之城，实则仅土城而已。天启二年（1622 年），知县齐以政将土城改筑为砖城。分设城门四道：东门称午茶，西门名回龙，南门曰丙弄，北门为住雄，都取山名命之。城垣自东绕南而西，外临深箐，城墙高一丈八尺；自西绕北而东，外距长河（元马河），墙高一丈六尺。南明弘光元年（1645 年），土酋吾必奎反，毁北门楼，县署尽遭焚毁。康熙四年（1665 年），值马街集日，土匪窥见县城居民倾城往赶马街，于是由南门窜入，劫掠县钱粮库，县令张鼎光全家及库子、斗级、皂隶等 27 人惨遭杀戮，由此相戒，逢午日（马街天）不开南门。康熙十一年（1672 年），知县李旭白建北门城楼，次年建南门城楼。康熙二十六至三十四年（1687—1695 年），知县罗伦、莫舜鼐、马之鹏重建县署大门楼、大堂、二堂、仓库、内厢房及书屋；四十六年（1707 年）知县王弘任将三堂草屋改建为瓦屋，增建稽古轩 3 间。五十二年（1713 年）地震，城楼坍塌，知县王弘任重修之。乾隆二十六年

（1761 年），知县郝守训请示修城，巡抚以元谋为扼控西川孔道，城郭宜修，奏准朝廷，发国库银 4860 余两，加高加固城墙，粉刷旧城，略加照壁。乾隆四十六年（1781 年），檀萃代理元谋县令，见城仅开一门，城内并无水井泉脉、池塘沼泽，况且野草荆棘、野蜂，充满墙垣，阻塞街道；城内民居寥寥无几，巷道弯拐狭窄。市面少有行人，白日萧条冷落，夜晚寂静无声。县署则内仓、南北书屋、稽古轩中西轩等 10 间已无存。于是，下令开启南城门，将集市龙狗街由北关外河滩（今河坝街）迁于城内。此后，嘉庆二十二年（1817 年）知县赵锡书、道光二年（1822 年）知县吕梦飞各修筑一次 。（《武定直隶州志》）

咸丰十年（1860 年）二月，回民起义军将领徐汶明、毛文虎进攻元谋县城，起义军炸毁城垣，攻入县城，焚毁官署，擒获县令高翀、教谕刘蓁、典史吴伟绩。此次攻破县城，被杀者 17 人。同治十三年（1874 年），回民起义平复，马街重新开街。县城官署概被焚火毁，唯马街向来设有官署，兼系晋省通衢大道，又为全县经济文化中心，地方官权迁于此居住。老城因被蹂躏，城垣坍塌不堪，兼城南有坟墓山，西案山有孝子山，设县城后有三任县令死于任上（张元礼、张鼎光、高翀），上委之官觉得于官不利。光绪四年（1878 年）知县杨炳垣召开乡绅会首会议，决定在马街设衙署，于是县城正式迁往马街。此为元谋县城的第四次搬迁。

马街说马

发源于雷应山的大箐河、丙戌干河、文冈河自东向西，川流不息，奔向龙川江，将平缓的台地，切割成大小不一的板块。马街就坐落在大箐河与丙戌干河切割的板块上。她在元谋

老城旧貌

中部，地处滇北，为入滇北路——越巂古驿道上的重要集镇。

一条小河将马街小城分成马街、官庄、羊街三个片区。羊街在小河之北，地处居东；官庄在缓坡之巅，地在东南，俯瞰马街和羊街；马街地处坡北，小河之南，仰视官庄。

马街与马有着深重的渊源。早在元朝初期马街小城就有集落。元至元二十三年（1286 年），马可·波罗随秃满带率军征缅，从成都，经建昌，至云南，入缅国，在其《马可·波罗行记》中载：从前述之河首途，西向行五日，见有环墙之城村甚众，是一出产良马之地，人民以畜牧耕种为生。即是从金沙江到武定、昆明途中经过元谋马街的较早记录。那时马街就已经成为小集镇，而且是个产良马的好地方。明初，随着马街坝子的开发和环州指挥使杨志文的率军屯垦，以及对金沙江的防守，黔国公沐英在马街坡头设置庄园，形成官庄村落。马街坝子经济迅速崛起，需要对剩余产品的交换，于是在官庄坡北形成集市，逢午而市，午属马，故称马街；在坡下东边形成回头市，逢未而市，未属羊，故称羊街。明朝中期，凤氏土司专制，入贡朝廷皆必以马。崇祯十一年（1638 年）十二月一日，徐霞客游历至元谋，下榻官庄茶房，马街经济及集镇发展已超过县城五甸。清康熙间，商业贸易进一步发展，贸易经营自朝至夕。“若夫马街，尤属通衢。四方云涌，百货鳞铺。萃人间之所有，均日用之所需。既莫穷其多寡，亦难计其精粗。”“上达郡城省会，下抵江外巴巫；商多三姚楚景，客尽江右湘湖。所谓东南都会者也。”故有“金马街，银元谋”之谣。（《华竹新编》）嘉庆十七年（1812 年），马街城就有商号 44 家，从事商务 500 余人。咸丰年间，元谋回民杨先之起义，于马街修筑土城，在新桥筑碉堡，在万松山筑固不鲁（轱辘）寨，与县城官府相抗衡，为昆明、大理、川蜀之间的重要据点。同治七年（1868 年），清廷游击杨玉科率兵攻马街城未果，遂改攻克固不鲁，取新桥，再围马街。断水源，攻碉堡，连困数日，义军因无外援而城破，被截杀于莲花塘上。

无独有偶。1926 年冬至 1927 年初，美国自然博物馆中亚考察团在云南考察。格兰阶在元谋盆地东侧、马街城南十里之地发现马、偶蹄类、象、犀牛化石，认为凭这些化石足以把这个动物群放在早更新世，并预言在这里保留早期人类的证据不是不可能的。1937—1938年德日进和特拉到东南亚考察，收集到缅甸的更新世化石，经研究，发现它和云南的化石可做对比。格兰阶完全赞同德日进的看法。1938年德日进在论亚洲的维拉方期的文章中也提到马街马层。同年，卞美年对元谋新生代地质进行调查，在马街坝子杨柳村附近采集到剑齿象化石，在药商处收集到马、牛、鹿化石。1940年，柯伯特研究了格兰阶收集的化石，将其定为剑齿象、犀牛、猪、鹿、牛、云南马（新种）。根据云南马的个体及牙齿等特性，认为与缅甸上伊洛瓦底的马化石很相似，马街动物群的时代与上伊洛瓦底的动物群相当，将元谋层定为早更新世。1957年春，地质博物馆胡承志、云南博物馆陈廷凡在元谋考察，采集了部分古生物化石。1961年，裴文中研究了北京博物馆收集的云南马、猪、鹿和牛等哺乳动物化石，认为含更新世初期化石的地层与华北泥河湾组和下三门组对比，地质时代相当于欧洲的维拉方期，将元谋定为早更新世。此一期间，经国内外科学工作者多次到元谋盆地考察，找到了冰川的遗迹，经过测定为华南唯一有代表性的更新世纪初期性质，形成于350万年前。考察中发现数处化石点，称之为“马街马化石层”。

由于更新世纪初期有“马街马化石”，元明时期出产好马，集市交易有马，形成以马属相为市的集日。而马街形成，也带动周边居民点的形成与命名，如城东的马应登，含义为马惊跑的地方；马大海，含义为马牛很多的营地。这些都为马街产马提供了重要的佐证。

马街话城

马街一直以来就有官方分支机构的衙署。光绪四年（1878

年）县城迁马街后，因陋就简，就人民之墙作围，宽不满尺；就老棚门作东、西、南、北四城门，高不满丈。县署则迁于马街盐局（今老干部活动中心），权且用之。城区街道狭窄弯拐，冬春旱季尘土飞扬，夏秋雨季泥滑路烂，低洼处常有积水，行走不便。民国元年（1912 年）知县童益泰提议铺筑街道，将西门至双龙井坡头街道铺设为石板路，称小新街。街宽 3~4 米，街面以平石镶嵌呈鱼鳞状，中心用石板铺成一条线。石料由城内外百姓供给，经费由城内绅民自筹。1914 年完工。1922 年 10 月，有土匪百人敌者，率土匪 300 余人由西城暗入偷袭守城民团，引贼大进，抢劫两小时之久，被民团于观音寺前将匪首击毙，其余匪徒亦相率逃亡。人民之受损失者不少。1923 年 3 月，土匪杜方龙率众千余，由武定羊街窜入老城，县长周德容闻报，饬令民团大队长花如松督队迎敌，行至中屯文冈坡，被匪众四面包围，花如松力尽被擒，周德荣闻风逃匿，莫敢抗衡。贼遂长驱入城，抢劫一空，烧毁民房数十间，盘踞 3 日之久。幸获西路防守营陈世德中校闻报后，由永仁亲率驻军二连，并由物茂、猴街、牛街沿途召集乡民，至东门外能道一带埋伏以待。时值匪徒派队清乡，在城者少，杜匪闻枪声后，即率余队东出于官庄田坝下，被陈军迎头痛击。击毙匪首杜方龙，余匪向环州方向逃窜。上峰以周德荣两次失城免其职，另行委任张钟璜为县长。张钟璜下车伊始，即召开乡绅耆老会议，决议修城。省参议会议员吴承周也发起元谋非首先提倡修城不可的倡议。然而无米之炊，巧妇难为。幸而在省长周钟岳任内，有元谋烟案罚金存省署购办枪支存款及领新式毛瑟存款共 1.16 万元，经乡绅吴承周、赖显荣晋见省长，陈述元谋无城遭匪危害之苦状，承蒙批准发放，以做修城基金，并咨覆吴承周回元集资。张钟璜旋委任陈泗源为城工总理、赖春荣为协理，其不敷之数，乡绅民众量力捐摊，总共得款万余元。分 12 段工作，挨门派工，又至老县城搬取砖石，以做基础，化无用为有用。大工给洋 3 角，小工 1 角，款不虚縻。共用资金 1.8 万元，历时 1 年零 10 个月，建城完工。后经匪首李济川、杨天元、老来红、小霸王、张继魁等几番围攻，均未得逞，人民相安。1930 年推行自治，设马街镇，管辖范围东城、西城、南城，属第一区区辖镇。1931 年 11 月，县长袁仲虎召开县务会议决定，对县城四门及主街名称进行修改：东门改为中山门，南门改为志舟门，西门改为复兴门，北门改为大同门；四方

小新街

街改为五权街，卖菜街改为三民街（今胜利巷）。1935 年对县城进行扩建。工程按全县行政区划分段包干，款项除发行彩票外，由县政司法项下的罚款拨出部分，城内居民筹资工料等支付。新筑县城规模较原址扩大：东起川主庙（今粮食局），南达农事育苗场（今胜利街口），西至小干河（今马街南路红绿灯街口），北至团山河埂（今龙川街），莲花塘以上接东门，将原东西南北四门及莲花塘以外居民住房全部圈入城内。城墙高 2 丈，厚 6 尺，有走马台以便往来，相距 6 尺设一垛口以利窥探，上盖砖瓦以防雨淋。 城墙高处建 6 个碉堡，贯通城墙。周围 560 丈。新建四城门：东门为玉莲，西门曰龙溪，南门名惠丰，北门称凤朝。城门建有鼓楼，台叠斗角，飞檐雀跃，上系风铃，蔚为壮观。

1936 年改马街镇为元马镇，仍属第一区。1938 年改区设乡，元马镇属华竹乡。1940 年推行新县制，将元马镇由华竹乡划出，升为建置镇，县辖。1944年缩编建制，将华竹乡并入，仍设元马镇。民国期间的县署俗称县衙门，东西向，共四院。前有照壁。第一院，左右为栅栏门，正面有辕门三间；二院天井，正面为过厅，左为土地祠，右为习艺所；三院左为法警室、男女监，正厅（大堂）为审判厅，大堂左侧一间为收发室，右侧一间为门道，附近有小楼一间为文书案件保管室；四院正厅为办公室、会议室，左为宿舍。四院共有瓦平房9幢26间，建筑占地680平方米。

1950年1月19日元谋解放，全县设五乡一镇，马街仍为元马镇。1953年因城镇建设需要，逐步拆除城垣。1958年改造街道，大部分城墙被拆除，仅留北门至西门段、南门粮食局仓库段和外贸公司段。记得儿年时与母亲到街上卖竹子，曾将竹子搭在北门边高高的城墙上。1964年、1965年人民银行、新华书店、百货公司等单位先后在西门至北门城墙外兴建营业场，所拆除北门至西门段城墙。1983年拆除外贸公司段。1985年，城垣仅存县粮食局、县医院2处。1990—2005年，元谋县城通过旧城改造和新区开发，城市建成区从2.6平方千米增加到3.8平方千米。2013年，元谋县城面积6.1平方千米。2017年元谋县城棚户区改造，改造范围东至元东路，南至沙地小河，西至马街南路，北至龙川街，亦即县城古城区，拆除南门粮食局仓库段城墙。至此，元谋古城的身影完全消失在历史长河之中。

马街述街

清朝期间的马街城，主要街道有大小街有龙井街、县前街、四方街、谨约（酒药）街、西城街（小新街）、南城街、卖菜街、普佗庵、七格铺街九条，其中七格铺街在北门外，即今元马街。巷道有华竹南巷、华竹北巷、南泉巷、蒋家巷、顺城巷、糖市巷、城南巷、城西巷等，均为弯拐狭窄的土石路面，冬春季节尘土飞扬，夏

秋雨季泥滑路烂，行走困难。

民国元年（1912 年），知县童益泰提议铺设街道，西城街辟为小新街，街面以乱石铺为鱼鳞状，路中心用人工加工的石板铺成一条线（其中四方街至小椿树一段保留至 2004 年），所用石料全由城内外百姓供给，所需费用由城内乡绅居民自筹。工程于 1914 年县长李綖（字品珊）主持完成，历时 3 年。民国期间的商业街道有小新街、胜利街和龙井街。

新中国建立初，县级机关仅 10 多个单位，分布在主街道上：县委会、县政府在老县衙，县政府改为人民委员会后，迁至今县医院住址；兵役局（后称武装部）在双龙井坡脚赖家大院，“文革”中划拨邮电局做职工宿舍；县医院在四方街，与邮电局毗邻；人民银行在小新街四方井附近，今做银行职工宿舍；工商业界联合会在双龙井坡头小茶树地段，后卖与民户；粮食局在元东路川主庙附近；公安队在龙井街北段，与后来成立的县法院处同一地片；县供销社在茶园，北门龙井街两侧；财税局在四方街与龙井街汇合处，后划为国营回族食堂；新华书店在龙井街北段贸易公司门市对面；文化馆在南城街高等小学校门口南侧。

1958 年对旧街道进行改造，县政府动员各机关单位、城内居民将街巷两旁的破旧房屋、残垣断壁、畜厩、厕所拆除，将街道填平改直。将南门至县政府（今老干部活动中心）门口一段铺为混凝土路面，在四方街一食堂门口修建喷水池一个，池中投放锦鲤，池边安装石狮子一对供游人观赏。（“文革”中池塘被填，石狮被拆除。）为便于管理，将街道按顺序编号，编为七条：由缝纫社（今城中旅社）起往东，至老工商界（莲花塘岔路归龙井街处）路口，为一街；由老工商界路口往东，至东门大礼堂（今科技局）路口，为二街；由贸易公司一门市（黎方门市）东下转至糖市坝（今百货大楼）及老百货公司（华夏商场）至北门（日杂公司大楼）路口，为三街；由四

工贸市场旧貌

元谋新城

方井至西门马车运输管理站（今汽车站对面）片区，即原小新街，为四街；四方井接四街处至南门（今元谋宾馆），为五街；由县政府（今老干部活动中心）以南至县粮食局，为六街；由北门外康平牛肉馆往北至大箐河边，包括卖牛河（今元马街），为七街。而北门日杂公司大楼至今西门红绿灯路口则有城墙连接。

“调整巩固充实”时期的马街城十分繁华，集日凌晨三四点，街道上就有马帮驮口驮货叮叮当当的铃声和摆摊卸货声，从早到晚，东至官能，南至杨柳村，西至龙川江，北至君殿坡，都能听集上的叫卖声、谈价声。小新街、胜利街、四方街、龙井街、糖市坝交易人员川流不息，集日交易人数万余人。这一时期，县城北部城墙逐步拆除，新华书店、文化馆、人民银行、百货公司、饮食公司、汽车队等单位先后到城外建门市部和营业场所，老西门（今汽车站对面）堵截，改道走城墙外干河边。1968 年县医院在北门外小河边建住院部、农资公司建办公楼。未久因成立县革命委员会，为县革委和县革委生产指挥组征用（今县政府驻地）。至此，龙川街已具规模。

1970 年将龙川街北门日杂公司至西门路段铺为混凝土路面。1981 年国家拨款、机关单位筹资共 6.6 万元，对县城街道进行改造，主要街道及环城东、南、西路皆铺筑为柏油路面。1982 年对县城街道进行普查、梳理，确定标准地理标识（标准地名）。1989年改造龙川街东段土路为混凝土路面，铺建其他街道、巷道为柏油、混凝土路面。

1991—1998年对街道改造：新铺设南门电影院至资源圃路段，建为混凝土路面；改扩建粮食局到沙地坡脚路段，将破损沥青路翻建成混凝土路面；对龙川街西段工人俱乐部到县供销社段进行延长建设，新修为混凝土路面；改造108国道县城区段，新修沥青路面、混凝土地砖人行道；改扩建龙川街中段北门十字路口狭窄道路。2000年10月对龙川街东段道路不通畅、到县医院的断头街进行打通扩建，新修为混凝土路面。

2001—2009年，对龙川街西段汽车站至供销社路段进行重新翻修，修为混凝土路面，改扩建后龙川街成为一条东西连接的主干道；对龙井街、元东路破损严重进行改造，修建为混凝土路面；将发祥路至龙泉大桥土路改扩为混凝土路面；对发祥路与龙川街街口的草坪进行改扩建为休闲广场，安装喷泉、石凳；对发祥路破损路面进行维修；对龙川街西门红绿灯口至县医院路段进行改造。

2015年，元谋县城区共有街道42条、巷道42条，其中传统街道16条、传统巷道13条。城市主干道有龙川街、龙井街、胜利街、发祥路、马街南路和马街北路。

招待所

龙川街为县城主要商业街。新中国成立后建立的街道。东西走向，因街道西通龙川江得名。1990 年为断街，东起县人民医院，西至文化小广场。1992 年修通文化小广场至龙川江边路段。县人民政府驻地。沿街驻有县医院、财产保险公司、元马工商所、招商局、统计局、人民银行、医药公司、图书馆、新华书店、信用社、汽车运输公司、县供销社等单位。

龙井街是民国以前的老商业街道，因街道内有双龙井得名。东起双龙井坡头，老工商界旧址，下双龙井坡，连接南城街，经城中旅社，至北门街口，接龙川街。沿街驻有农业银行城西分理处、医药公司一门市、华夏商店、政务服务管理局、日杂公司单位。

胜利街在城区中部，南北走向。南起南城街（元谋宾馆对面），与马街南路相通，中连小新街、胜利巷、蒋家巷，北至龙川街。明朝期间马街形成后，即有此街道。清光绪四年（1878 年）县城由五甸迁往马街后，因街道为县衙门、国民政府所在地称县前街，为马街城主要商业街之一。集日有铁器、小百货、农具、烟草等土杂货物交易市场。街道有井一口，街心圆形鱼池一个。周围以雕镂红砂石条为栏；池水清澈，游鱼可数；池中塑有假山一座，南口为县城南门。1923 年筑城垣，南门称惠丰门。1945 年，在此街召开庆祝抗日战争胜利大会，命名为胜利街。新中国建立初称五街，国民县署改作县委会公署。1967 年“一月风暴”后，县委会为某“造反派”占据。“文革”结束后，县委会改作县武装部驻地。而此街的商品交易没有被终止。1981 年地名普查，将由四方街（小新街口）至龙川街（邮政局）路段并入，恢复胜利街名。总长 450 米，宽 8 米。此前街道为三合土路面，1982 年改筑为柏油路面，现为混凝土路面。路面两侧为砖混结构和土木结构建筑。经过逐年改建，道路平坦，高楼林立。1990 年，随着元马农贸市场的建成和加快城镇基础设施建设，街道的商品交易逐渐减少。街道驻有老干活动中心、马街社区居委会、森林公安局、县邮电局、百货大楼、电信和移动营业厅、农牧局、水电局、林业局、元谋宾馆

等数十家单位和个体缝纫加工点、饭店、理发店、药店。胜利街两侧仍保留了不少解放前遗留的老式建筑。

发祥路习称商贸大街。南从沙地变电站起，北至金殿坡头止，全长2752米，宽40米。沿街两侧宽30米用于房地产开发建设。机动车道15米宽，设4车道，非机动车道宽5米，人行道宽6米，机动车道与非机动车道之间设1.5米宽隔离绿化带。设有给排水、电力、电信、消防等配套设施。设街心花园4个。1996年8月开始建设，1998年10月竣工，交付使用。历时两年零一个月。混凝土路面，其间架设七棵树大桥1座，排水板函6座。

马街南路、马街北路在城市腹地，以道通县城马街得名，南北走向。马街南路南起沙地村，经元谋宾馆坡脚、旅游宾馆，北至西门经绿灯街口，接龙川街。马街北路南起龙川街（西门红绿灯），经镇西商场，过兽医站，至鱼水井，北至金殿坡头水利园止。马街南路、马街北路原属环城西路南、北段，1993年3月更为现名。

2016—2017年棚户区改造，民国以前老城区全部列入棚改范围。通过棚改，废弃老城区城市道路21条，即环东南路、

夕阳

环城南路、城南路、胜利街、龙井街、小新街、贸园街、元东巷、龙川巷、环城南巷、南城巷、华竹南巷、华竹北巷、南泉巷、胜利巷、糖市巷、蒋家巷、顺城巷、环城西巷、东仓巷、莲花巷。这些街巷及其所包含的文化，由此湮没在漫漫的历史长河之中。

马街言水

马街的地下水十分丰富，掘地数尺即会冒出泉水来。由此，人们说马街有九十九条龙。

传说很早以前，仙人见元谋坝子宽敞像葫芦，地势南高北低，龙川江流淌至黄瓜园下的朱布村附近，两山东西合围，形成狭窄的葫芦口，龙川江从这里流出，归入金沙江。于是仙人便决定在这里阻塞龙川江，把元谋河谷变成大海。

元谋阻海谈何容易，需要大量的石头和一百条龙。两仙人分工，一人赶石，一人赶龙。元谋水源不足，且此项工程需合百龙之力方可为之，缺一不可。于是，仙人便到遥远的东海之中，赶来一百条蛟龙，不分白天黑夜，兼程前往阻海。因路途遥远，再加之这一百条龙的体质参差不齐，到了东甸村西北约 2 公里的地方，其中一条就再也支持不住，累瘫在地。仙人急得七窍生烟，拼命抽打，但也无济于事。那条累瘫的蛟龙耐不住百般抽打，情急之下，见路旁有一小水塘，遂踊身跃入水塘之中，潜于水底，任凭怎么呼唤痛斥也不出来。仙人无奈，只得赶着其余的九十九条龙到达马街。潜于水底的那条蛟龙也因此留在那里，因在该处累瘫，人们便将此地呼为“龙瘫”。后又因有龙而生水，水盈而积潭，人们又将“龙瘫”的地方改名“龙潭”。赶石头的仙人因响声惊动了村中的山民，被一位老者识破，山民们敲起了簸箕，接着又有人学着公鸡啼鸣。仙人以为天已快亮，连忙赶回天庭去了。由于天机泄露，这些赶来的石头就再也赶不走了。可是也因缺少一条龙，石头赶不走，

阻江造海计划也告落空。落于马街的九十九条龙，也无法回归东海，成为后来的马街五井。清康熙县志和乾隆县志，都记载了马街五井，是城内生产生活用水的重要来源。

胜利井在胜利街南门口。因该泉在胜利街，故名。元明时期即存，1945 年在此街庆祝抗战胜利，将街改名胜利街，井随街改。1982 年地名普查标准化。古代马街五井之一。属冷泉，最高水位 1078 米，最低水位 1078 米，最大输出量 1.25 立方米 / 时，日出水量 30 立方米，年均水温 24℃。系地下泉，因城市建设废，不能饮用。

南泉井在城环城南路南泉巷。因位于县城南部南泉巷，故名。元明时期即存，1982 年地名普查标准化。古代马街五井之一。属冷泉，最高水位 1080 米，最低水位 1080 米，最大输出量 1.67 立方米 / 时，日出水量 40 立方米，年均水温 24℃。

高速路

系地下泉，原为石槽出水口，2009年县政府制石龙头出口。

四方井在小新街工贸市场后门。因泉井井口近正方形，故名。元明时期即存，1982年地名普查标准化。古代马街五井之一。属冷泉，最高水位1075米，最低水位1075米，最大输出量2.5立方米/时，日出水量60立方米，年均水温24℃。系地下泉。

莲花塘在龙川街东部。因泉外有池塘，内生莲花，故名。元明时期即存，康熙县志有载。清末仍称莲花塘。1982年地名普查标准化。古代马街五井之一。属冷泉，最高水1080米，最低水位1080米，最大输出量2.5立方米/时，日出水量60立方米，年均水温24℃。系地下泉，池塘因建设被填埋，石龙头出口。

双龙井在龙井街中段。分南北居街道两侧，因两眼泉井同在一街且相距不远，故名。古代马街五井之一。元明时期即存，1982年地名普查标准化。属冷泉，最高水位1080米，最低水位1080米，最大输出量3.34立方米/时，日出水量80立方米，年均水温24℃。系地下泉，1968年靠北泉眼因建邮电宿舍被埋填。仅存南边一眼。

此外，马街城泉水还有：冒天龙（井），在公安局后院，水质清澈，周边植树，清新雅静。为理想的休闲之所。民国期间于此建有茶园，供名人雅士品茗。水源供北门、西门片饮用。下菜园井，在下菜园东南，建设元谋工贸市场后填埋。县衙井，在清末民国初县衙后院，解放后，县衙门改作县委会，于井旁建工会球场，成立“革命委员会”后，县委会驻地划归人民武装部（后为老干局），井被掩盖。

现代城市建设、自来水使用和城市棚户区改造，马街各井在棚改中，先后被掩埋，马街五井成为历史，淡出人们的视线，但百龙阻海的故事却深深地扎根于马街人的心中。

杨升庵在元谋的游迹

杨慎谪戍云南长达 35 年之久，足迹几乎踏遍全滇。往返元谋共三次，所住时间虽短暂，但对元谋的文人学子有所教诲，对此后元谋文化教育的发展起到重要的影响，其刚正不阿的风骨和渊博的学识，至今仍为人们所传诵。

元谋老照片——艰苦卓绝的建设

杨慎（1488—1559 年），字用修，号升庵，四川新都人。明文学家、文献学家。

明正德六年（1511 年）殿试第一，滇人习称“杨状元”。官拜翰林院编修。嘉靖三年（1524 年），大礼议起，杨慎与同朝官员王元正等跪哭左顺门，明世宗大怒，收捕者 134 人，刑杖于廷上官员有杨慎等 30 人。是时，明有制度，凡朝官贬谪，遇有戎事，例受调遣。于是，杨慎遂被谪戍永昌卫（今云南保山）。嘉靖四年（1525 年）正月，升庵病驰万里，到达云南。明朝以前，入滇之路仅有三条：自四川马湖府至云南属之嵩明州，又自四川建昌行都司（今西昌）属之会川卫（今会理）以至云南武定府（今武定县），是为北路；自广西之田州府（今百色、田阳、田东）至云南之广南府（今广南县），是为南路；其自湖广常德府（湖南常德、桃源、汉寿、沅江等地）入贵州镇远府（镇远县）以达云南之曲靖府，是为中路。至明中叶，“蜀中、粤西两路，久已荆榛，仕人以至差役，不复经由，惟建昌为滇抚所辖，尚有商贾走此捷径者”。杨慎遂由四川会理入元谋、进昆明的驿道而行的。

会理至元谋县城，途间有黎溪、姜驿、环州驿三个驿站。驿官称驿丞，下领马头十余名、库子馆夫各二名，配置邮马五十匹，用以通达边情，传递号令。黎溪至姜驿，山高箐深，草木遮道；林深苔滑，行旅艰苦。嘉靖四年（1525 年）的姜驿，因日久升平，没有了昔日的繁忙，驿所略显冷落，唯有驿旁茅屋十数间，后有夷寨，炊烟袅袅，鸡鸣犬吠；路旁崖上，一株蜡梅独放，斗霜傲雪，尽展风姿。下榻驿馆，杨慎形如孤雁。自思上言勿纳，反遭谪戍，情绪极为低落。

出姜驿，下火焰山，入沙沟箐。箐中河石隐卧芦苇丛中，尤似猪遁。晋常璩《华阳国志》云：“有长谷石，时坪中有石猪，子母数千头。长老传言：夷昔牧猪于此，一朝猪化为石。迄今夷不敢牧于此。”箐尽，达金沙江。江水奔腾似骏马，挽舟里许，横舟乱流而济江南。渡过金沙江，即入素有“瘴疠之乡”的元谋，生死难卜。联想起诗人陆游的怀才不遇，以及其《咏梅》词中“无意苦争春，只把春来报”的诗句，别有一番感受。于是，欣然命笔，咏题

《南枝曲》一首（又称《渡江咏梅》），诗曰：

我渡烟江来瘴国，毒草岚丛愁箐黑。
忽见新梅灿路傍，幽秀古艳空林色。
绝世独立谁相怜，解鞍藉草坐梅边。
芬蒀香韵风能送，芍药仙姿月与传。
根地锦苔迷蚁缝，树杪黄昏摇鸟梦。
飘英点缀似留人，顾影徘徊若相送。
焦桐椽竹亦何心，中郎一见两知音。
谁谓南枝无北道，愿谱金徽播玉琴。

环州驿至昆明间共三站，即虚仁驿（今白路）、和曲驿（今武定）、利浪驿（今富民）。而杨慎则是由和曲入罗甸（罗茨）进昆明。本想旅中就医，怎奈巡抚催促甚紧，只得抱病前往永昌。

嘉靖五年（1526 年）冬，云南土酋安铨作乱，侵扰寻甸府，嵩明等县俱陷之。武定府土舍凤朝文亦反，杀害同知以下官吏，劫夺府印信，后又举兵与安铨汇合，攻围云南省城。而作为武定府下属的元谋县，其灾难亦所难免。升庵以为“此吾报国之日也”，乃请上官，戎装率旅僮及步骑百余人前往平息。但事平后均无所获。反叛平定后三年，嘉靖八年（1529 年）六月，慎父廷和病卒，慎于八月携妻黄氏从戍所赶回新都治丧。丧事毕，慎于是年冬月返滇。当时的元谋县城在老城，又称五甸，别称元阳。城无城垣，县署仅有茅屋数间，权作公署。至元谋县城，仍见街市冷落，村庄凋零，残垣断壁随处可见。北门外官山（公墓）上，万冢垒垒，上生红心草，遥望如茜血殷然，土人呼为酸浆草，唯瘴地有之，杨慎见之悚然。因父新丧，加之慎妻留在新都，远隔千山万水，无异生死之别，伤感之余，作《元谋县歌》一首，诗曰：

元谋老照片——艰苦卓绝的建设

遥见元谋县，冢墓何累累？
借问何人墓，官尸与吏骸。
山川多瘴疠，仕宦少生回。
三月春草青，元谋不可行。
九月草交头，元谋不可游。
嗟尔营营子，何为欻来此？
九州幸自宽，何为此游盘。

虽然，升庵先生后称此诗为无聊戏言，但也从一定角度反映了其时的元谋现状。由此，知县刘晦不得不将县署由老城迁至高坡（马头山）。直至万历三十一年（1603 年）方由知县于文蔚迁回老城，定址于丙弄山下，此是后话。

嘉靖十年（1531 年），杨慎又以纠集众人伏哭，再次杖打于廷上。十四年（1535 年，一说十八年），慎返蜀回滇途中，投宿金沙江畔的龙街。龙街在金沙江南岸，有金沙江巡检司，洪武二十四年（1391 年）设立，官设土巡检 1 人，从九品，照例于钱粮相应人户内佥点弓兵应役，盘诘过往行人，平靖地方。巡检司旁有居民百余家，多信佛。江边有楼，称“万里楼”。视野极佳：近可俯万顷金沙，远可瞰浪涌碧水。登万里楼，宿巡检司。入夜，听江水波涛滚滚，辗转难眠。屈指算来，谪戍已有十载，一腔热血，换得如此之难，潸然泪下。遂于案首吟得《宿金沙江》一首，诗云：

往年曾向嘉陵宿，驿楼东畔栏千曲。
江声彻夜搅离愁，月色中天照幽独。
岂意漂零瘴海头，嘉陵回首转悠悠。
江声月色那堪说，肠断金沙万里楼。

忆及往年尝宿嘉陵江之驿楼，联想今被谪戍滇边，夜宿荒江，

元谋老照片——艰苦卓绝的建设

江声月色，景物相似，但已时日前非。情景交融，有说不出的苦涩。

金沙江至元谋城间的主要村镇有能海闹、马街子。能海闹系傣语，意为江边的赶摆地，即今牛街。相传昔有高僧朝拜南海，至此问路，土人即指曰能海，僧误听为南海，随即坐化。旧志言："土人读南为能，因名能海。凡谓之海者，地有斥卤之气，统以海名之。故滇中小水亦谓之海，其无水而有卤气者，即谓之干海子。今能海无水，犹干海也。常于春时，道经马头，下望元谋四履中，汪洋大水已（而）徐进，前视皆为陆地，始悟所见尽海气也。"马街在官庄坡北，逢午而市，故名马街，人称滇南都会。由能海闹至马街子，地皆平坦。沿江两岸，庄稼郁郁，禾黍如江南芦苇；村落交错，人皆僰夷，交易似都市繁华。杨慎受其感染，心结顿开，咏成《犯星歌》一首，诗曰：

金沙江水绕环州，江岸家家对白鸥。
渔父长歌僰人曲，盐商爱上白夷楼。
十月妖花红满烟，万家蛮树绿遮天。
眼中忽见浑相识，梦里曾游瘴海边。

在元谋，宿杨府，有杨希俨等从游。杨希俨，元谋环州驿指挥使世职千户，为沐国公黔府典仪（掌管典礼仪式的官员），虽武弁而卓荦倜傥，留心苦学，常与升庵杨先生游。嘉靖间，是邑大半荒芜，自捐牛种，劝人开垦，纳赋甚多。其自收租粒，以小量为入，被记入《康熙元谋县志》。

杨慎谪戍云南长达35年之久，足迹几乎踏遍全滇。往返元谋共三次，所住时间虽短暂，但对元谋的文人学子有所教诲，对此后元谋文化教育的发展起到重要的影响，其刚正不阿的风骨和渊博的学识，至今仍为人们所传诵。

徐霞客涉险元谋之旅

明崇祯十一年（1638 年）冬腊月，明代旅游家、地理学家徐霞客在其 54 岁之际，涉险元谋，进行了生命之最后一搏，实现了其终生的夙愿。

徐霞客，名弘祖，字振之，号霞客。明万历十四年（1586 年）出生于江苏省江阴县（今江阴市）。自幼好学，博览全国各地大量的图经地志，因见明末政治黑暗，不愿入仕，专心从旅游，足迹北至燕、晋，南及云、贵、两广，并将沿途所见所闻，悉心载于日记。经后人整理成富有价值的《徐霞客游记》，是中国古代地理学的不朽之作。其中记载云南的篇目多至 13 章，约占全书的五分之二。崇祯十一年（1638 年）五月中旬，徐霞客由贵州省普安进入云南曲靖，由曲靖至昆明，再由昆明至滇南考察后返昆。尔后趋北，由安宁、过武定，于十一月下旬入元谋。

元谋县在云南省北部，地处川滇之间的越嶲古驿道上，为古入滇三路之一，是由四川省进入云南昆明的北大门，为历代兵家争夺之地，素有“控滇南之藩篱，扼川蜀之锁钥”之称。县北的金沙江渡口是千年古渡。郦道元《水经注》言：“……水之左右，马步裁通，而时有瘴气，三月、四月迳之必死；非此时，犹令人闷吐；五月以后，行者差得无害。”《十道记》亦云：“水出番中，入黔府，……四时多瘴气，三、四月间发，人冲必死；非此时，中则人多闷吐，惟五月上伏无害。故有诸葛武侯征越巂，上疏云‘五月渡泸，深入不毛’。又按地（理）志云：‘今昆明道渡，所见有武侯道在。’又有大冢，武侯军（至）此，士卒遭瘟疠，以大冢葬之，在县南。”至明中叶，“蜀中、粤西两路，久已荆榛，仕人以至差役，不复经由，惟建昌为滇抚所辖，尚有商贾走此捷径者”。

嘉靖年间，状元杨慎被谪戍永昌卫（今云南保山），3 次路过元谋，咏诗 4 首，皆提及元谋“瘴疠”。嘉靖四年（1525 年）正月，杨慎病驰万里，由四川会理至元谋。途经黎溪、姜驿，渡金沙江，即入素有“瘴疠之乡”的元谋。咏题《渡江咏梅》一首，其中即有“我渡烟江来瘴国，毒草岚丛愁箐黑。忽见新梅灿路傍，幽秀古艳空林色”的词句。

嘉靖五年（1526 年）武定凤氏土司反，元谋村庄百姓，多遭蹂躏，田地荒芜。嘉靖八年（1529 年）八月，因慎父廷

和病卒，携妻黄氏从戍所赶回新都治丧。冬月返滇，路经元谋县。见城无城垣，县署仅有茅屋数间。县城街市冷落，村庄凋零，残垣断壁随处可见。北门外官山（公墓）上，万冢垒垒，上生红心草，遥望如茜血殷然，土人呼为酸浆草，唯瘴地有之，杨慎见之悚然。因父新丧，妻留新都，无异生死之别，伤感之余，作《元谋县歌》一首，诗曰："遥见元谋县，冢墓何累累？借问何人墓，官尸与吏骸。山川多瘴疠，仕宦少生回。三月春草青，元谋不可行。九月草交头，元谋不可游。嗟尔营营子，何为欻来此？九州幸自宽，何为此游盘。"

嘉靖十年（1531 年），杨慎又以纠集众人伏哭，再次被杖击于廷上。十四年（1535 年），慎返蜀回滇途中，投宿金沙江畔的龙街。龙街在金沙江南岸，设有金沙江巡检司。江边有楼，称"万里楼"。近可俯万顷金沙，远可瞰浪涌碧水。入夜，江涛声声，辗转难眠。遂于案首吟得《宿金沙江》一首，其间亦有"岂意漂零瘴海头，嘉陵回首转悠悠。江声月色那堪说，肠断金沙万里楼"之叹。

金沙江至元谋城间的主要村镇有能海闹、马街子。能海闹系傣语，意为江边的赶摆地。由能海闹至马街子，地皆平坦。沿江两岸，庄稼郁郁，禾黍如江南芦苇；村落交错，人皆僰夷，交易繁华。杨慎受其感染，心结顿开，咏成《犯星歌》一首，诗曰："金沙江水绕环州，江岸家家对白鸥。渔父长歌僰人曲，盐商爱上白夷楼。十月妖花红满烟，万家蛮树绿遮天。眼中忽见

❶ 元谋的田野

❷ 元谋小凉山风光

浑相识，梦里曾游瘴海边。”

种种关于“瘴疠”的传言与描述，让徐霞客兴奋异常，心驰神往。于是，他率书童经过艰苦跋涉，踏入元谋这块神秘而古老的土地。

疠是对亚热带恶性传染病的统称，包括疟疾、瘟疫、鼠疫、伤寒、霍乱等。因气候炎热，三四月间地表产生有毒的气体，也称瘴气。瘴疠多发在东经 23°~26° ，北纬 101°~103° 之间，元谋正好处在这个范围内。

明朝中期，政治黑暗，官场腐败，苛捐杂税重重，匪患频繁，民不聊生。由兵戈阻塞，田间草木丛生，荟萃堆积，高高隆起。农历三四月，气候干燥，草木熏蒸为毒气。元谋坐落于四山之中，逼窄低洼，热风煽怒，四时如夏。轻霜雾露，未及至山而止，燥气中人，以是为病。加之春荒干旱，地毒排于水，曰“水发”，食生水易得腹泻、伤寒、霍乱等肠道传染病，故杨慎称“三月春草青，元谋不可行”。元谋地处低洼河谷，气候炎热，农历九月，蚊虫成群结队，是疟疾流行季节。时值雨季，山坡上、地坝边到处是长势茂盛的山茅草，也是山茅草开花的季节。茅草花开在草株顶部，一株株相互联结，一簇簇，一片片，碰触即扎入衣裤，或刺入皮肤，引起感染。此即“草交头”，加上疟疾流行，令人生畏，杨慎称“九月草交头，元谋不可游”，说的就是这种景况。再加上医疗条件差，染上“瘴疠”者多死于非命，连前来做官者也不在少数，故杨慎有“遥见元谋县，冢墓何累累？借问何人墓，官尸与吏骸。山川多瘴疠，仕宦少生回”的惊叹，也是“冢墓何累累”的成因。

实地考察采访，徐霞客揭开了滇南“瘴疠”的神秘面纱，同时也试图探索预防“瘴疠”的良方土法。

徐霞客涉险元谋的另一夙愿，是探索长江之源。

徐霞客的家乡，在长江下游的江阴。自幼就生长在长江边上的徐霞客，眼前如万马奔腾、一日千里的长江，曾给他几多记忆，几多梦想。

此前，对长江这条母亲河，她的源流来自何处，众多史料均称出自岷江，也就是今天的雅砻江。然而，徐霞客在认真查阅地理图经中惊异

江边码头

地发现：诸多史料记载的黄河之源比长江之源还要长。哪有河大于江的道理？且根据中下游的实地考察，黄河宽度不及长江的三分之一。既然大，汇水就多。研究图经，发现还有一条比雅砻江积汇水面更广、经流更长的河流归入长江，那就是金沙江。

带着种种疑虑，揣着儿时梦想，徐霞客携书童，前往金沙江，记下了沿途里程及地貌：

“自是（马街）以北，溪东之村，倚东界之麓甚多：官庄之北，十里为环州驿，又十里为（能）海闹村（牛街）。滨溪东岸，即活佛所生处，离寺二十五里。其村有木棉树，大合五六抱。县境木棉最多，此更为大。又十五里为黄瓜园。溪西之村，倚西界山之麓亦甚多：西坡下村，与官庄对峙，北十五里为五富（福）村，又十里为苴宁村，又北逾岭二十里为扁担浪（丙大浪），于是北夹西溪，尽于金沙江。”

“渡江北十五里为江（姜）驿，与黎溪接界。江驿在金沙江北，大山之南。由其后北逾坡五里，有古石碑，大书‘蜀滇交会，四大字。然此驿在江北，其前后二十里之地，所谓江外者，又属和曲州。元谋北界，实九十五里而已。江驿向有驿丞。二十年来，道路不通，久无行人，今止金沙江巡检司带管。”

“金沙江巡检司，乃金沙江南曲之极处，自此再东，过白马口、普渡河北口，即从乌蒙山之西转而北下乌蒙、马湖。其江自北来，故云南之西北界，亦随之西北出，以抵北胜、丽江焉。”

“其西北又有大山方顶，矗峙于北，与金沙江北岸‘蜀滇交会’之岭，骈拥天北，从坞中（马街）北向遥望，若二眉高列于坞口焉。余初以为俱江北之山，及抵金沙江上，而后知江从二山之中，自北而南，环东山于其北，界西山于其西，始知此方顶之山，犹在金沙之南也，其山一名方山。”

滔滔滚滚的金沙江，呈现在眼前，让徐霞客心潮澎湃，流连忘返。这是几十年梦寐以求的理想啊。掬一捧甘甜的江水，仿佛看到远在数千里之外，父老妻儿的张张笑靥。

滚滚长江东逝水，浪花淘尽英雄。是非成败转头空。青山依然在，

土柱群

儿度夕阳红。岷江面窄而水缓，这金沙江，水深湍急，宽数百丈，广数倍于岷江。这才是长江之源，才该是长江之源！

十二月一日，徐霞客入住马街官庄茶房。

“马街在西溪东坡上，南去元谋县（城）二十五里，北去黄瓜园三十五里，东至雷应山口十里，西至溪坡五里，当大坞适中处。”“其东南有聚庐曰官庄，为黔府（沐国公天波）庄田。茶房即在马街坡北。”

明朝期间的盐都黑盐井，是滇省的产盐重镇，行盐区划除供省内州县外，尚有部分运销边境。因此，霞客计划由马街上勒品，再至黑盐井，亲睹盐都的繁华。怎奈书童染病在床，需要护理，霞客煎药喂食，难离左右，寻访计划落空，盘缠告罄。其他寻访也无法成行，心中怏怏不乐。如是五日，前上雷应山的蜀僧返回，拟于次日随赶马街回头后，往炉头入大姚，而书童病未消除。遂利用间隙，考证了马街城之位置，马街至黄瓜园、至雷应山、至勒品甸、至广通、至金沙江、至姜驿、至黎溪等地的商旅邮程，以及元谋境内诸山的走向，主要河流的出入境情况等。

六日早饭后，徐霞客率书童，与蜀僧结伴，由马街出发西行，渡西溪（龙川江），由河流转西处行（今高岩子田坝至法那禾之赶街路），沿

溪岸西行，至热水塘村南，再转村西南由班果赶街路攀枝花树下转西北，越水缸坡，下坞土地。只见盘龙山独耸其间。一行人缘坞向西下，又见勐冈河自“南峡中来，至此坞东北去。其水不深而阔，路北数十家（普登村），倚河东岸”。霞客及书童、随僧由一株高约数丈的攀枝花树下（今外贸站转动点）渡河，尔后由沙沟箐入。“有枯涧自西来，其中皆流沙没足，两旁俱回崖亘壁。”“涉枯涧，乃蹑坡上，其坡突石，皆金沙烨烨，如云母堆叠，而黄映有光。时日色渐开，蹑其上，如身在祥云金粟中也。”首次记载了班果土林奇观。

路本在箐中，带路之僧误走箐南上坡，未久无路，复下箐行。行数里，循西坑入，见峡谷中有流水，下就涉之。涉细流西上半里，有植木坊，上书“黔府庄田”。西下半里，有数家在坡北，即小班果，其壑亦湾环而北。一行人随大道绕其南而西，不久又有木坊，上书如前。涉一枯涧遂上西岭，路盘峡谷而上，其上愈峻。至岗头，“又有南北二横山亘其两头（石碑山、班果山），又自成一界焉”。从脊行三里至南山之巅，“即武定、姚安二府之分壤处也”。路由其间，登巅之绝处，则有磐石当顶，“于是从南横（石碑山）之巅，南向陟其脊，东瞰元谋，西瞰炉头，两界俱从屐底分坞焉”。霞客等又西下数里，遥见有溪一条，即庙门河。“见溪西大聚落，是为炉头。”是

龙川江黄瓜园大桥段

时天色已暮，诸僧饥饿，遂投东麓山下草庐（河外村）借宿。

七日，霞客等探知由炉头至独木桥（属大姚）不远，诸僧用饭后先行，霞客与书童后行。渡庙门河，至炉头村（小牛街），“炉头村聚颇盛，皆瓦屋楼居，与元谋诸村迥然”。二人循庙门河西行，不久即归大道，出今元谋境，入大姚。再经祥云（普棚）、大理，至丽江，继续寻访长江之源。

经元谋、丽江之旅，徐霞客探明了长江之源，写出了《溯江纪源》（又称《江源考》），指出金沙江才是长江的真正源头。而此前的雅砻江为长江源头说，谬误源于“《禹贡》‘岷山导江’之文，遂以长江之源归之，而不知禹之导，乃其为害于中国之始，非其滥觞发脉之始也。导（黄）河自积石，而河源不始于积石；导江自岷山，而江源亦不出于岷山”。

明崇祯十二年（1639年）九月十四日，徐霞客完成了云南探险之旅。尔后又应丽江府木曾之聘，在鸡足山修《鸡山志》。次年（1640年）正月，因染重病，由云南抬回江阴老家。二十七日逝。越四年，即崇祯十七年（1644年），李自成占领北京，建大顺；张献忠据成都，称大西；崇祯帝吊死煤山；吾必奎据元谋反。

土林风光

今昔龙街渡

唯独云南省元谋县大湾子至四川会理县河门口之间的 39 公里江段变成了云南内河，39 公里水路划出一段弧线，将北岸的姜驿乡纳入了云南的版图，龙街古渡显要地坐落在这一段小小的弧线上。

金沙江古称丽水，因沙中含金得名，发源于青藏高原唐古拉山主峰。青海省直门达以上称通天河，直门达至四川宜宾闽江口称金沙江，全长 2316 公里。流经四川、云南的大部分河段，属川、滇两省界河。唯独云南省元谋县大湾子至四川会理县河门口之间的 39 公里江段变成了云南内河，39 公里水路划出一段弧线，将北岸的姜驿乡纳入了云南的版图，龙街古渡显要地坐落在这一段小小的弧线上。

龙街渡地处金沙江中游，位于元谋县北部，海拔 980 米，陆路南距元谋县城 32 公里，北距四川会理百余公里，水路上距四川攀枝花市拉鲊渡 103 公里，下距禄劝县皎平渡 86 公里。纵贯元谋南北的龙川江在这里注入金沙江，将龙街、腊甸、江头一带淤积成一片肥沃的小三角洲，养育着上万生灵。儿时，我曾一度被绑在马背上，随长辈们一道，从龙街渡跨过金沙江，前往会理绿水河外婆家探亲，第一次朦胧地认识了龙街渡。20 世纪六七十年代，走出校门，从事的职业又一次将我抛在了金沙江，又一次结识了龙街渡，而且一待就是十年，一生

红军长征元谋纪念馆

中的黄金年龄段。随后的几十年里，因工作关系我无数次重访龙街渡，重回金沙江。只有到了这个年龄，每一次站在渡口码头上，我都会努力搜寻着记忆中的古老的龙街渡，遗憾的是岁月无情地抹去了儿时摆满码头的凉粉、米线、甘蔗、花生和马铃、驮子、木船、木浆所编织的浓浓乡土情，悠悠古渡韵。江水残酷地流走了年轻时浪遏飞舟、划船背纤、撒网捕鱼、野炊露营勾画出的无尽浪漫。千年龙街渡除了那几条保存完好的珍贵的红军标语和龙街、江边两村中一段段残破的青石古驿道外，今天，留给童年的模糊记忆只有那一段青石砌成的百米江堤和热坝特有的酸角树、攀枝花树、黄葛树等百年古树组成的江畔绿色长廊。这一段江堤和绿色长廊正是当年闻名遐迩的龙街渡码头。由于历史的变迁、交通运输的发展和乡镇建设的拓宽，今天我们看到的现代码头正向西迁移，500 米外的轮渡、驳船、汽车和公路将古渡抛在了身后，慢慢从人们的记忆中消失，因被世人遗忘而更显衰败、没落和无奈。尽管如此，你可别小

看了龙街古渡，往近一点说就是 50 多年前，我们每天在这里看到的仍然是两三百匹渡江的热闹场面。金沙江沿岸盛产的红糖、花生、药材、大牲畜和大都市的“香烟洋火桂花糖”在这里汇合、交易，或转往昆明、西昌、成都，或辐射大江两岸。码头上写有红军标语的那栋孤立无援的小瓦房乃是 1941 年建的厘金局，民国早年就在码头设下的税收机构，可见龙街渡的重要价值。千百年间，地处昆明——成都直线距离中段的独特区位优势和独特的山川地理构成的交通优势，奠定了龙街渡成为金沙江古代南丝绸之路“灵官道”上七大古渡之一的历史地位，肩负起川滇两省商务活动的重担。龙街渡山势平缓、地形平展、水面开阔、水流舒缓，军事上易于大兵团移动、集结、作战，是整条金沙江上著名的军事要塞，跨越南北的交通命脉。早年，我们可以在厘金局旁边看到一段青石铺成的阶梯通向一座古代衙门式建筑，高高的石梯和不可一世的衙门面对汹涌澎湃的大江和繁忙的港湾，可以想象出建筑物主人地位的显赫。这是明洪武二十四年（1391 年）设在龙街渡的金沙江巡检司。1935 年红军长征到达龙街渡时，这里是一军团一师师部的驻地，李聚奎师长在巡检司衙门府里指挥了红军的佯攻渡江行动。六百年的风雨剥蚀了巡检司昔日的威严。1950 年，中国人民解放军在这道衙门上摘下的最后一块招牌是国民党防不胜防的“江防司令部”。

几十年间，出于寻古访幽、探险猎奇的职业习惯，我曾考察过龙街上下游的几个历史上著名的古渡口，从丽江的石鼓渡、攀枝花的拉鲊渡，到禄劝的鲁车渡、皎平渡、洪门渡。将龙街渡从区位、山川、地形、交通等方面与上述几个渡口做对比，我们可以看出龙街渡的绝对优势。因此，古道龙街、商驿龙街、军事龙街、人文龙街，势在必行。让我们透过千百年来在龙街渡上演的一出出正剧、喜剧、悲剧，顺着时间的线条，去把握龙街渡的人文历史脉络。

据史料载，龙街渡口最早开埠的时间可以追溯到汉武帝元鼎六年（公元前 111 年）开越巂郡前后，当时元谋称“三绛”。南丝绸之路上马帮的先驱者们找到了出成都、过西昌、越会理、翻火焰山，从龙街渡过金沙江的这一条直线，然后，或经姚州、云南驿西出缅甸，或南上河曲（武定）直达中庆（昆明），最早开发了龙街渡口。

蜀汉建兴三年（225 年），诸葛亮“攻心为上”的

江边

北路大军从会理经“三绛”（姜驿），在龙街强渡金沙江，平定南中，七擒孟获，最早在云南谱写下民族和睦的千古佳话。蜀汉大军在金沙江两岸不辨“苦水”和“甜水”，饱尝瘴疾之苦，多少战士未战人亡，抛尸南疆。

唐贞观二十二年（648 年），唐王派梁建方征讨松外蛮后，遣奇兵南下越嶲（西昌），从龙街渡过金沙江，经大姚、出滇西，助细奴逻灭了白子国，为建立南诏国打下了基础。后南诏国王阁罗凤起兵反唐，也是从拉鲊渡和龙街渡跨越金沙江，北上攻下成都，一度将大渡河以南并入南诏。

元至元二十四年（1287 年），意大利旅行家马可·波罗奉元世祖忽必烈之命出使缅甸，他从成都出发，过西昌、经姜驿在龙街渡过金沙江，转昆明，出滇西抵缅甸，完成了周边修好的历史使命。

明状元杨升庵因跪哭进谏，被明世宗谪戍云南永昌（保山）。嘉靖十四年（1535 年），杨升庵出四川会理经姜驿入滇，于龙街渡过金沙江后，夜宿金沙江巡检司衙门府。在面对大江的小阁楼的油灯下，挥笔写下了《宿金沙江》的诗作。随后戍边的几十年中，杨升庵一次次回四川新都探亲，大多走的龙街古渡，似乎与元谋、与龙街、与巡检司小阁楼结下了不解之缘。他留给龙街的《宿金沙江》《元谋县歌》《渡江咏梅》等大量诗篇，成为今日古渡宝贵的文化财富。从“江声月色那堪说，肠断金沙万里楼”等诗句中，滔滔金沙江水见识了一代状元的忧思与悲愁。

明崇祯十一年（1638 年），中国历史上著名的地理学家、旅行家徐霞客云游至滇，十二月一日由武定入元谋，因仆童病倒，不能成行。徐霞客滞留元谋 8 天，他考察了龙街渡金沙江巡检司，踏勘了金沙江、龙川河流域的水势山形，核对了龙街、姜驿、会理一线的商驿旅程。时至今日，我们仍可从当年徐霞客笔下的“金沙巡司，乃金沙江南曲之极处”，长江“推江源者必将以金沙江为首”等科学结论中，看出徐霞客治学之严谨，求索之不倦。徜徉在热坝独特的山川地理间，徐霞客笔走龙蛇，感慨万千，从《徐霞客游记·滇游日记》中可见一斑。

时光进入 20 世纪，古渡龙街和金沙江的地质地貌、厚重历史积淀引起了世界的关注。1926 年，大洋彼岸的美国纽约自然博物馆中亚考察队一行首次考察龙街渡。纳尔逊先生发现了以现在的江边乡政府坐落的小山包为中心点的文化层面积约 2 平方公里的龙街新石器遗址，当场出土幼童瓮棺墓一座、大量陶器和石斧、石锛、石凿、石矢等石器。不仅如此，中亚考察队此番龙街之行，还同时在龙街附近发现了第四纪地质历史时期的江边

红军长征元谋纪念馆鸟瞰

地层剖面和白泥湾构造剖面。中亚考察队在龙街的惊人发现，拉开了元谋盆地第四纪地质、古生物和古人类发掘、研究的序幕。此后开始的中外专家、学者对龙街及元谋盆地近一个世纪的考察、发掘、研究成果表明，元谋盆地第四纪地质研究在全球地质地理学科上，占据着无可替代的重要位置。中华人民共和国成立后，经过几代中外专家学者的不断努力，至 20 世纪 60 年代中期，元谋盆地的文物考古、地质地理研究陆续取得了重大突破：170 万年的元谋人牙齿化石，400 万年前的元谋古猿头盖骨化石，侏罗纪白垩纪时期的恐龙化石公墓，几十处旧石器、细石器、新石器时代文化遗址以及几十第四纪地质历史时期的地质剖面、构造剖面等等震惊世界的重大发现，是历史的必然，更是科学的必然。一时间，小小的元谋因其

远古文化的重含金量而成为全球瞩目的焦点，这在国内是独一无二的，世界上也是罕见的。古渡龙街因此被推到了元谋文物考古、地质地理研究的最前沿。

民国四年（1915 年），云南护国军起义，成立了军政府。为防川军越过金沙江进攻昆明，护国军一支队驻守龙街，曾在此与川军交战，击溃川军。现古渡口两岸的山头上仍可见当年的战斗壕堑。

特别让人难以忘怀的是，1935 年 5 月 3 日至 7 日，中国工农红军第一方面军第一军团一师、二师长征进入元谋，为掩护主力部队从下游渡江，一师在龙街渡上游 2 公里处的石花滩架设浮桥，佯作渡江，吸引敌人追兵。国民党飞机飞临石花滩上空，嘲笑红军异想天开，扔下无数炸弹离去。毛泽东用兵的虚虚实实、神出鬼没取得了战略上的主动，在敌人重重追兵压住龙街渡之前，一师从龙街渡、二师从县城日夜兼程赶往下游，从敌人兵力空虚的皎平渡顺利渡过了金沙江，在红军长征史上写下了“巧渡金沙江”的经典战例。今天，我们可以从龙街渡墙上的红军标语中清晰地看到救国救民的红军光辉形象，感受红军战士在龙街 4 天中与百姓结下的鱼水深情。

一辈子在江上摆渡，但是没有机会送子弟兵过江的龙街渡乡民们在 15 年后终于圆了自己的梦。1950 年，龙街渡的几十名船工，动用 27 支大小木船，苦战五个昼夜，将中国人民解放军第 15 军 1 万多名指战员安全送过金沙江，沿着灵官古道，踏上进军西康的征程。今天，每当谈起打桨送亲人的战斗场景，当年龙街渡的船工们无不神采飞扬，充满了自豪。1965 年至 1971 年，龙街渡第三次迎来了自己的子弟兵，修筑成昆铁路的中国人民解放军铁道兵第一师万余名官兵进驻金沙江南岸，苦战 6 年，用自己的血肉之躯，铺筑了从黄瓜园到师庄的几十公里铁道线，每一公里铁轨下平均埋葬着 3 名官兵的忠骨。铁一师是铁道兵的英雄连队“杨连弟连”所在的部队，是铁道兵的英雄部队，今天的江边乡政府和那开满血色凤凰花的小街，就是当年铁一师师部驻地。那是沸腾的 6 年，乡民们和

龙街渡口

养育了他们百代千年的龙街古渡一道，有力地见证了世界铁道建筑史上的这一伟大奇迹。铁一师转战新的铁道建设战场后，乡民们在师部旧址建起了今天我们看到的现代旅游小镇，植下一株株凤凰树，借火红烂漫的凤凰花祭奠为国捐躯的铁道兵先烈。炎炎夏日，遮天蔽日的漫天红霞成为龙街渡的又一道亮丽风景。

两千多年间，龙街渡两岸的青石古道过多地承载了马队的铁蹄，虽经历朝历代不断修复，至今已支离破碎，残缺不全。散发着文人骚客浓浓墨香的金沙江巡检司和江边土司府、土司墓等古迹也因场场战乱、动荡而不复存在，摆渡的木船已被轮渡、机船替代，两千多年风雨铸就的辉煌正在成为历史的过客，来匆匆，去匆匆，烟飞云散。然而，机遇永远垂青那些永不放弃的人们。古渡在等待，乡民们在等待。新世纪来临，古老的龙街迎来了再度辉煌的发展时机。金沙江的原生态风光和龙街渡的千年历史积淀在新的旅游热潮中，成为一块抢手的金字招牌。最近几年游客激增，金色的沙滩、五彩的奇石、险峻的古驿道、飞驰的快艇、红军标语、青石古道，无不吸引着八方来客。“黄金周”、节假日，停满了街道的私家车，打着各色小旗的旅游团队，沙滩上的帐篷、篝火、歌舞，农家小院的江鱼、水酒、腊肉，让游客们感受着新鲜，寻求着刺激。早春的攀枝花，盛夏的凤凰花，金秋的热区水果，入冬的绿色蔬菜。独特的干热河谷区旅游资源开发，让千年龙街渡苏醒了，正在融入元谋蓬勃兴起的旅游支柱产业发展大潮，龙街渡和土林一样在国际国内亮出来自己的品牌。但是，旅游热的初步兴起，并没有让龙街渡的乡民们满足，他们期盼着龙街渡更加美好的前景和未来。

2005年，龙街渡进入全国、全省红色旅游规划视线，元谋县人民政府、元谋县旅游局已经上报龙街渡红色旅游项目初步建设方案。依托地处川、滇两省的接合部、属重要的游客

集散地和连接周边昆明、攀枝花、楚雄等大中城市的纽带和区位优势，依托铁路、水路、公路“三通”的交通优势，依托干热河谷区的独特气候和物种、植被、地形、地貌等自然环境优势，龙街渡红色旅游项目必将成为新的旅游亮点。

金沙江下游大型电站的建设，将使龙街渡成为一个终年四季三面环水的半岛，半岛上集中浓缩展现红色旅游项目的纪念馆、陈列馆、放映厅、泥塑廊、蜡像馆和纪念性的碑、牌、坊、柱建设，恢复以近20条红军标语为主的红军当年的活动区、生活区原貌，修复青石古道，重建金沙江巡检司衙门府等古建筑。下游电站的建设自然而然地形成以龙街渡为核心的“金沙湖”，也必将

龙街渡口

使龙街渡——皎平渡的86公里水面出现集旅游、文化、商贸、交通为一体的“黄金水道”，将两个红色渡口连在一条旅游专线上。红色旅游项目的实施，龙街渡不仅将成为重要的爱国主义教育基地，而且还可以依托红色旅游这条主线，将以金沙江水体、峡谷地貌、金沙银滩、民族风情和历史文化为特色，集大江奔流、惊涛拍岸、壁立千仞、奇峡异谷、沙滩星罗、山野牧炊、史遗钩沉、古塞淘金、舟横野渡等风光为一体的山水人文巨幅画卷，全方位地展现给中国，展现给世界，让游客领略龙街渡和金沙江的红色美、原始美、野性美和朦胧美。

千百年间每一个清晨，人们都在书写大江横渡的木船荡开的龙街古渡的新一页历史；每一个傍晚，人们都在品味军旅商邮马帮的铁蹄踏碎的青石古道的凝重沧桑。今天，新时代的旅游专列载着古老的龙街渡，开始走进新一轮年轻的辉煌。

精神的寓所

地处热坝——元谋的安龙寺、活佛寺、中山寺、佛禅寺等佛教圣地，在晨钟暮鼓中盛载着佛禅曾经的记忆和过往，冈铃叮咚，佛香袅袅，坚守着精神与心灵的寓所……

安龙寺

元谋县最早建成的寺庙安龙寺静静详卧在坝子东侧半腰的密林中。暮春三月的羊街坝子，安静祥和，因为久历冬春的干旱，坝子隐约稍显萧条，到处散落着麦子收割后的残渣余穗，环绕着坝子四周的满满翠林和部分正忙于栽种烟苗的村农话语还凸显出寥寥生机。沿着一条冰凉坚硬的水泥路缓缓来到安龙寺前，车嚣未落，不知刹那从哪跑出两只恶犬，远远獠牙相向，狂吠不停。寺前基本是残垣断壁，一面大大的“佛”字墙岿然矗立在山门前，虽然佛字的半边黑墨已隐隐褪色，还显严重缺乏书法味道，但明显倔强坚守着荒野中禅寺的肃穆与尊严。

眼前的安龙寺与十四年前我文化考察时的样子早已截然不一。

2003 年，我陪同地区一位文化名人到安龙寺考察。那时的安龙寺香火缭绕，来自数百里之外的一个玉溪居士与我侃侃而谈，一家人上下老小 9 口人悉数到齐，虔诚礼佛长住安龙寺一个多月的场景历历在目。那时的安龙寺可说香火鼎盛，佛禅袅袅。进到寺

安龙寺标志碑

内，一位现代着装的小伙子居士木讷迎了上来，从他口中得知，现在的安龙寺只在每年大年初一举办佛事，日常香客寥寥……进一步查勘寺内不多的几块古碑，安龙寺的历史冷飕飕扑面而来。

安龙寺始建于明万历十三年（1585 年），地处羊街翠灵山腹部的密林丛中，庙前古木参天，溪水长流。庙宇建成后于明崇祯元年（1628 年）被焚毁，崇祯二年（1629 年）续修，占地2800平方米，建筑面积1200平方米。建筑以土木结构为主，墙基、外层辅以条石、薄砖保护，整个建筑外形造型古朴，自建寺以来至民国十七年（1928 年）有住持僧众 36 人，距寺一里多建有和尚坟，青色石塔内安放历代寺僧骨灰陶罐。1929年觉海和尚为住持，潜心修佛，广结善缘，一时香火鼎盛；“文革”中历经劫难，墙倒寺荒，直至1980年得以修复。寺内有《建安龙寺常住碑记》，高135厘米，宽58厘米。行书直行。僧大庆撰书，住持僧明鉴于明崇祯二年(1629 年)立。

《元谋县志》记载，羊街旧称“勒品”，是一个佛教盛行、祠庙林立的小山乡。在这块土地上生活了 18 代的李氏土司，是楚雄州最后一个消亡的土司。李氏土司祖籍在甘肃陇西，一世祖李孟勤，随黔国公入滇，因征叛蛮有功，授巡捕世职，开屯于勒品甸，袭土司世职。为传播中原文化，教化一方，李氏

❶ 安龙寺地藏殿

❷ 安龙寺正殿一角

❶ 安龙寺山门远眺

❷ 重建安龙寺碑记

❸ 安龙寺铜钟

土司借助羊街百姓对佛教虔诚的有利契机，在明清之际广建庙宇，兴建了安龙寺、广缘寺、化佛寺、玉皇阁、山神庙、文庙、武庙等众多的宗庙寺院，其规模堪称一绝。在这些寺庙中，规模最大，保存最完整的要数安龙寺。

安龙寺坐落在羊街坝子东面一座巍峨挺拔、风景秀丽的山中。此山古木参天，小溪潺潺，鸟声啾啾，常年绿荫匝地，野花吐香，人们叫它翠林山。安龙寺建于明代万历年间，是李氏土司四世祖李春建造。

关于安龙寺的由来，在当地流传着一段神奇的故事。

安龙寺又叫飞来寺，相传修建庙宇时，李春请来几个风水先生，商议庙址，风水先生争论不休，李春也一时难以定夺此事。正在大家为此事犯难的时候，一天，突然乌云密布，下起了倾盆大雨，雨过天晴，翠林山的塔盘山上忽现彩虹，映红了整个羊街坝子，众人惊异，以为佛祖显灵，奉塔盘山为圣地，于是就把庙址定于此。选定了庙址，李春动员乡绅捐钱捐物，动员百姓出工出力，历时三个月砍伐好所需木材，准备择吉日破土动工。谁料木材筹备妥当的当夜，塔盘山上突然刮起狂风，电闪雷鸣，飞沙走砾，犹如天崩地裂。狂风一直刮到第二天清晨才风平浪静。狂风过后，工匠们赶到山上准备动工时，却发现木材不翼而飞。这可急坏了工匠们，他们把此事报告土司李春。李春于是号令整个坝子的青壮年四处寻找丢失的木料。历时三天三夜，大家终于在林深树密的翠林山半山腰找到了建庙木材。那些木材堆放得整整齐齐，有如人工精心堆叠。李春一看地形拍手叫绝，这块宝地背靠东山，面朝羊街坝子，形似交椅，两边各向西延伸出两座小山脉隔箐相望，山腰昼夜涌出两股木桶粗的泉水，哗哗顺山箐蜿蜒流下。站在这里可以鸟瞰整个羊街坝子，又被绿树遮掩，可谓钟灵毓秀，正是供奉佛祖的风水宝地。李春喜不自胜，下令在此地建庙宇，将释迦牟尼、太上老君、孔子的塑像一并供奉于正殿，在侧殿修建了观音殿。寺庙建成后，人们把它叫作“飞来寺”。

飞来寺建起来后，大雄宝殿殿内柱子本未塑龙。忽然有一天，平地刮起狂风，一时间乌云遮月，星影全无，两道黑影呼啸而至，直扑安龙寺。羊街坝子的庄稼一夜之间遭到破坏，牲畜家禽无故失踪，官府派人多方调查却毫无结果。没过多长时间，怪事再次出

安龙寺正殿

❶“文圣”——孔子先师塑像
❷儒家先师塑像
❸地藏王菩萨塑像

现，弄得整个坝子里村村惶恐，人人自危。第二年，羊街坝子遭遇百年不遇的干旱，连续三年的旱情，庄稼颗粒无收，百姓流离失所，许多人到外乡以乞讨为生。由于天灾频发，瘟疫横行，庄稼歉收，人丁锐减，为了祈求上天保佑，羊街百姓扶老携幼，纷纷赶到飞来寺，烧香拜佛，祈求佛祖保佑。

一日，飞来寺的住持午夜时分如厕，突遇狂风，星月消遁，正欲回香房取烛台，忽一阵闪电裂空，犹如白昼，天空中一个左手执乾坤圈，右手携红绫的仙童从天而降，到了安龙寺上空，突然抛出红菱，拽起两条蛇状怪物往西而去。不大一会儿，星月重现天幕。第二天，恰遇一个仙风道骨的长者路宿安龙寺，住持将此怪异之事告之。长者瞑目掐指，打坐沉思良久，缓缓说道：“此哪吒三太子降龙是也。”经长者细细解说，住持才弄清原委。原来翠林山藏着两条恶龙，经常作祟，祸害百姓。孽龙作祟，百姓消灾祈福香火甚旺，诚心感动上界，玉皇大帝派哪吒三太子前来降妖除魔。在长者的指点下，住持请来工匠，在大殿释迦牟尼佛像前的两根中柱上塑了两条龙，在两条龙身上，各塑了一对一手握龙角、一手执降龙鞭的童男童女骑在龙脖子上。从此，羊街坝子风调雨顺，再无灾祸发生。为纪念此善举，百姓们将飞来寺更名为“安龙寺”，一直沿用至今。

山脚村有一个乡绅是佛家信徒，他听说钟声可以降魔，于是派人到四川重金请来一位铸钟高手在安龙寺里坐地铸钟。经过一年多的努力，一口外圆直径约为 200 厘米、壁厚 16 厘米的大钟终于铸成，未曾想挂钟之日，近百人用各种粗铁链、撬棒、绳子费尽九牛二虎之力，却不曾搬动巨钟丝毫，铸钟师傅也一筹

莫展，无奈，众人歇息商议另想办法。谁知就在当夜，安龙寺的住持做了个梦，梦中一位老神仙指点，用寺院后山上有一根碗口粗的白藤，可挂此钟。第二天，众人上山，果然寻到一根白藤，取来拴住巨钟，居然轻而易举地将钟悬挂到大殿前的钟梁上。于是铸钟师傅辞行，他再三叮嘱寺里的和尚，一定要等他离开安龙寺三天后方可敲钟，此钟就可声传千里，让妖魔闻钟魄散，羊街可再无妖魔横行。可是铸钟师傅刚下山没多久，一个年轻小和尚心生好奇，悄悄敲响了巨钟。谁曾料想，钟声震耳欲聋，刚走到羊街坝子尽头石门坎的铸钟师傅闻声后当场吐血，气绝身亡。后来人们发现铸钟师傅的尸体，就在原地厚葬了他，但同时发觉，巨钟虽大，但钟声再也无法越出羊街坝子。人们懊悔之余，却也惊叹此钟的灵性过于神奇。虽然如此，毕竟名刹有巨钟，安龙寺从此名声远播，许多香客不远千里而来，烧香拜佛。

安龙寺为滇中较为少见的儒、释、道“三教同缘”供奉，由明万历年间地方土巡捕李春倡议建立，延请海善和尚住持，海善圆寂由明鉴和尚继任。

现为比丘尼寺，隆桂住持。其师昌密已 86 岁，为“文革”毁灭寺院后，主持重建寺宇，再续香火之大德。

按其祖堂谱系，属临济正宗。

活佛寺

活佛寺的际遇与安龙寺也大致如此。

孟夏的一天清晨，凉风习习，我驱车前往叩访活佛寺。

从县城出发，车子沿着绵延层递的山道缓缓爬行，不到半个小时就到达凉山乡政府，乡政府背后就是活佛寺村。

走在村间窄窄的石板路上，庙宇已隐隐地出现在上头，浓

❶ 玲珑塔香炉

❷ 殿前石雕

浓的晨雾正从庙宇背后的大片密林由上而下袭来，未到山门便早已弥漫开来，刹那我恍惚行走云间，颇有腾云驾雾的幻觉。拾级而上，移步山门，门两旁侧立的金刚怒目圆瞪，但不知为何外围却被人钉上几棵木条围栏，令人不解也心生鄙夷。倒是山门内外的两大株柏枝树静默中仍泛着古刹的尊严。

山门上端“活佛寺”题匾显然是现代制作，鎏金大字傲然端正，两条竖匾一左一右镌刻着“举目滴翠雷应山前热坝建设收眼底”“云绕赢髻雾锁幽谷古刹钟声又复苏”，读来牵强别扭，现代词汇而故作繁体，一阵失望从脚跟无端蹭来。

步入寺中，前殿凌乱不堪。唯一让我入眼的是高挂在右侧山墙的活佛寺钟还保留着，上书“法轮常转，皇图永固”“大清雍正八年（1730 年）弟子李宗唐造”。李宗唐为武定环州李氏土司的第六代人，官至云南土总兵衔，属三品，是李氏土司最为兴盛的时期，活佛寺钟正是铸造于李氏土司

凉山活佛寺钟

❶ 寺庙神兽塑像

❷ "活佛老母"塑像

统辖凉山地方所属的史料证据。自然，土司家族笃情于佛禅，祈愿家族"皇图"伟业永远世代绵长，活佛寺差不多就是环州土司历史兴衰的记忆和见证了。

后院的大雄宝殿两侧虽正在修建僧舍，但仍难掩寺庙的破败和不振气息。

活佛寺原名叫香山寺。活佛寺位于元谋坝子的东麓雷应山。雷应山是志书所用的山名，是元谋当地世居傣族傣语的称谓，意即阴凉的山，人们日常俗称凉山。雷应山面积 80 余平方公里，山岭层峦叠嶂，高低错落有致。过去，雷应山有"住雄山，西来岭，香山寺，应身佛，碧岩泉，山前柏，灵髻峰，南山塔"八景之说。据有关资料记载，明洪武年间在雷应山腰建成香山寺。如今，寺侧阱中，有泉水数眼，终年不涸，清澈甘美，人称碧岩泉。清康熙年间，曾有诗赞碧岩泉："雷应山前处处泉，白云堆里水涓涓；清漪流向人间去，洗却烦嚣不用钱。"沧海桑田，雷应山经过地震、风暴、百年不遇的特大干旱等自然灾害的袭击及人类活动的破坏，其他许多景致景况难以跟过去相符。从有关的典籍史料得知，活佛寺背后过去曾有一个寺庙，叫法灵寺，但与全国大多寺庙一样的命运，在各种动乱、革命中也无所幸免，消散在历史的尘烟，除残存的几通不完整的碑铭和几尊和尚塔外，再无其他文化痕迹，只有孤寂的山风、近乎哀诉的阵阵松涛仍在不和谐地奏着什么曲子。

相传崇祯年间，苴林乡牛街村一户姓阮的庄户人家，无田无地，家徒四壁，常年靠帮大户人家打长工为生。这家人生下一个奇异的女孩，手长过膝，不吃菽米，不近腥荤，靠吃香面为生。姑娘从小跟着父母在大户人家打工，遭人冷眼，饱受世间疾苦。长大后的阮姑娘，身材高挑，端庄秀丽，慈眉善目，但少言寡语，十六岁仍然不愿许配人家。

一日，忽然狂风大作，天昏地暗，叫人睁不开双眼，正在放牧的阮姑娘被风卷到雷应山峰顶。这里孤峰兀立，烟云雾

❶活佛寺正殿
❷活佛寺山门

绕，松涛阵阵，站在山顶，元谋坝子尽收眼底。飓风过后，阮姑娘从云端坠落，一屁股跌坐在山崖边的一块巨石上，身体没坐稳，却向悬崖边滑去。在这十分危急的关头，说时迟，那时快，只见姑娘伸出长臂撑住身体，双脚用力一蹬，稳稳地盘坐在巨石之上，瞬间化险为夷。恰在这时，一道金光破空而来，姑娘双手合十，双目微闭，念了句“阿弥陀佛”，整个人木头般钉在悬崖边的巨石之上（后人把这块石头称为“入定石”）。从此，阮姑娘不食人间烟火，餐风饮露，食山之精气，饮日月精华。

不知过了多少时日，有一天，一个鹤发童颜的白胡子老神仙，托梦于雷应山的一对贫穷老夫妻，让他们到山顶悬崖边的一块大石头旁寻宝。醒来后，夫妻俩按照梦中老神仙所指的方向，在山崖边发现了阮姑娘。看到眉清目秀、超凡脱俗的阮姑娘，夫妻俩大喜过望，惊呆了好一会儿，才晃过神来后暗自思忖：“这不就是老神仙说的宝贝吗？”夫妻俩五十多岁还未曾得子，做梦都想有个孩子，于是齐声喊了声“乖乖”，早已泪流满面。

天上掉下个小乖乖。深山野林，月冷风寒，看着正襟危坐、双目微闭的阮姑娘，夫妻俩想，这孩子一定是饿坏了、冻坏了。老汉毅然决定把孩子背回家中。可是，当老汉躬身下去背阮姑娘时，发现阮姑娘的身体深深地陷进了石头之中。他费了好大的气力，累出了几身汗才把姑娘背了起来。夫妻俩乐呵呵地往家中赶回去，可是刚走几步，老汉就觉得姑娘的身体不像常人，很沉很沉，而且越走越重，走到半山腰的一片松树林，老汉觉得背上如同背着一座小山，再也迈不开步子了。天色已晚，饥肠辘辘，老汉只好把姑娘放靠在一棵松柏下，见她仍然不醒，于是就解下自己身上的蓑衣给她披上，打算天亮再来瞧她。

第二天一大早，老汉夫妻俩用篾盒包了几块荞粑粑和几个洋芋匆匆赶来，准备给姑娘当早饭吃。当他们赶到时，阮姑娘好像早已经醒了，只是仍旧不言不语，一个劲地盯着篾盒。老两口以为她怕羞，不便当着生人的面吃东西，就打开篾盒，把荞粑粑和洋芋摆在

姑娘身边，装作采野菜的样子绕进了丛林深处。

约莫一顿饭的工夫，夫妻俩从密林深处转回来，发现荞粑粑和洋芋不见了，心中窃喜。当老汉俯下身子想再次背姑娘回家时，阮姑娘一个劲地摇头，然后指指篾盒。老汉怎么拽也拽不动她。两个失望的老人只好捧着篾盒，一步一回头地向家的方向走去。到家后，老阿妈觉得篾盒沉甸甸的，好生奇怪。打开盒子一看，不觉吃了一惊，篾盒里装着黄生生、黏糊糊的东西，看上去令人发呕。“我们好心好意对待她，她却用这样的东西回敬我们！”老阿妈又气又恨，随手将篾盒扔进牛圈。

半夜里老汉起来上厕所，发现牛圈里金光四射，赶忙叫醒老伴。夫妻俩披衣出屋，跑到牛圈一看：哎呀！篾盒里黏糊糊的东西变成了亮晃晃的金子。两个老人转悲为喜，激动得热泪盈眶，赶忙向阮姑娘栖身的方向对天叩了十个响头，才明白姑娘并非肉骨凡胎，后悔当初错怪了姑娘，差点得罪了神仙。

第二天，两个老人为感谢阮姑娘的菩萨心肠，把半盒金子分给左邻右舍的彝胞同胞。用剩下的半盒金子请来工匠，给阮姑娘建了一间庙宇，将她供奉在庙中。菩萨感应，善有善报，年逾五旬的老夫妻建庙当年就喜得贵子。阮姑娘以神力相助穷夫妻的故事像春风一样很快传遍了四山八寨。到庙中进香祈福的善男信女踏破了门槛，穷人来求财，无儿无女的来求子，婚姻不如意的来求姻缘，普通人家祈福求平安……心存善念之人常常有求必应。

石刻神像

于是，寺中香火之旺让人难以想象。从此雷应山有神灵护佑，风调雨顺，老百姓五谷满仓，六畜兴旺，一片太平景象。大家都说阮姑娘是菩萨再世，福佑彝山。由于山中古木参天，远霞如血，雾锁山峦，寺中佛殿庄严巍峨，香火四时不断，烟飞殿角，又有桂树吐香，故名香山寺。

阮姑娘圆寂后，四乡八寨的善男信女进香如初，他们积功德，按照阮姑娘的真身模样塑像供奉，日日有香客来敬香祈福。不过，相传当时雷应山下有一毛贼，姓郭，因偷盗被人拿住，在脸上划了道伤疤，故此大家戏称他为郭疤。郭疤听到阮姑娘的神奇传说后想："要是我把阮姑娘的塑像盗来，日日烧香祈福，求她赐予我好运，让我大富大贵，那我这辈子就能吃香的喝辣的，再不用做这偷偷摸摸的勾当了。"说干就干，郭疤星夜上山，潜入香山寺欲盗姑娘塑像。郭疤爬上屋顶刚揭开屋顶的两片瓦，忽然不知从哪里刮来一阵乱风，就懵懵懂懂从房顶跌落下来。郭疤不仅跌断了脚，变成

山门近照

正殿右侧的石刻浮雕

瘸子，更为奇怪的是，从这以后，他全身又痛又痒，痛入骨髓，痒进脏腑，昼夜哭爹喊娘，辗转翻滚，无法入睡。后来有一仙姑托梦指点郭疤，要他到香山寺院中栽种七七四十九棵松柏，跪在地上给松柏抓七七四十九天的痒，他的怪病即可消除。郭疤哪里敢怠慢，第二天一大早，天还没亮就照着仙人的指点，恭恭敬敬去种树，跪着给松柏抓痒。一年之后，怪病果然痊愈。后人为铭记此事，在郭疤跪拜的地方栽下一树，取名为“抓痒树”。

阮氏女子显灵，夜惩毛贼一事不胫而走，香山寺更是名声大振，人们扶老携幼，背着香火，带着盘缠，不畏山高路远，徒步而来敬香祈福的人络绎不绝，盛况空前。

话说有一富贵人家的姨太太心高气傲，嫉妒一个穷苦人家的黄花闺女竟然有这么多人崇拜，她更不相信死去的人会复活过来惩治毛贼的事，于是驱轿前往香山寺。姨太太命下人进香，自己不知吃了熊心还是豹子胆，竟然用力去扳阮姑娘塑像指头。只听得“咔嚓”一声，阮氏女塑像手指被折断，顷刻，断指之处流出殷殷鲜血。姨太太六神无主，吓得直打哆嗦，跌跌撞撞爬上轿子，示意轿夫慌忙离去。没想到轿子抬到香山寺下一个小陡坡的急转弯处，只听得一声惊叫，不知何故，这个姨太太竟然飞出了轿子滚下山坡，摔成了瘫子，从此卧床不起。后人因此把此坡称为“卧坡”。

阮氏女显灵，女活佛的善举誉满元谋，真身坐化后复活的传说越传越远，与元谋毗邻的各县都传得沸沸扬扬。后来，云游四海的无隐和尚到了此地，甚为感动，为女活佛重新修缮寺庙，改名“活佛寺”。阮姑娘就成了人们所传颂的活佛老母，香山寺也自此改叫活佛寺。

活佛寺内有活佛塑像，传说是阮氏金身，人称应身佛，据说“文化大革命”中被多事之人毁掉。这大概就是活佛寺的来历吧！据《滇游日记》记载，我国明代地理学家、大旅行家和

塑像

探险家徐霞客曾因顾姓仆从生病而滞留茶房、马街（元谋地名，至今仍存）数日，等候活佛寺僧心法无果而后西去，这是活佛寺在志书典籍册上第一次最有影响的记录。纵观地理，活佛寺背后的北灵髻峰为雷应山主峰，山形似发髻，故称灵髻峰。登灵髻峰远眺，元谋县城尽收眼底，白天，灰白的钢筋混凝土丛林苍苍茫茫，京昆高速、飞机场跑道如两条一长一短的白练，缠绕在热坝巨人的绿衣上迎风飞舞；夜晚，新建成的龙川江滨江休闲长廊、凤凰湖、凤凰大道与城区灯火辉煌，俨如一个长腿长袖的奔跑者在跃动，蔚为壮观。热坝全景可谓一览无余。向南可鸟瞰楚雄和禄丰，向西可遥望丽江和香格里拉，向北可远溯四川大凉山。此时此刻，那种“会当凌绝顶，一览众山小”的豪迈感慨极易油然而生；那种“极目楚天舒”的畅意亦令人陶醉其中。

据说，凉山活佛寺始建于1624年，过去历朝历代都香火很旺，寺内古树参天，庙宇宏伟，正殿前有明代植下的金桂一株，附近有入定石、治瘿泉等诸多名胜古迹和人文景观，尤其是寺内有神秘的活佛老母身世的传说，更使其具有神奇而古老的宗教历史文化色彩。关于雷应山（古称住雄山），古人有绝句赞曰：“林外烟深树欲滴，巍然莫与四山齐。有灵不管沧桑事，色相俱空山鸟啼。”亦有诗写香山寺曰：“佛殿峨峨踞绝顶，俯看能海锁苍烟。春风吹得天花落，散尽空空禅外禅。”……好一个“色相俱空”！好一个“禅外禅”，俨然把凉山和活佛寺视若空灵缥缈的凡尘外界？活佛寺真能独善其身，置之度外？答案同样是不能，活佛寺的历史际遇已给人们做了回答，那至多只能是禅家的一己之愿罢了。——是“沉舟侧畔千帆过，病树前头万木春”？！是“富在深山有远亲，穷居闹市无人问”？！还是“人走茶凉”？人如此，寺庙也如此吗？离繁华的县城很近很近，才半个小时车程的凉山活佛寺如今却是如此冷清，甚至用寒碜来形容也毫不为过，有如凉山那无奈的阵阵松涛，真是“斯人已逝，独留活佛空悠悠”。

中山寺

中山寺位于中山村。

中山，意即元谋坝子中部的一座山也。

恰逢农历四月初一，我驱车登临中山顶。寺前大大的一汪春水波光粼粼，透明如镜的水面不时有青鱼、红色锦鲤跃出，欢快灵动，划破庙宇前应有的宁静氛围。虽说是村里的鱼塘，让善徒信众和香客们看来，莫不是无限生机和好兆头的预示。中山寺的山门巍峨庄严，金色琉璃瓦的檐顶，红色粗壮的柱子，门前一株枝繁叶茂的老榕树俨如一把巨伞，把中山寺的门前遮掩出大片绿荫。虽是大清早，门前的迎客香炉却香林密密，禅香袅袅，与安龙寺、活佛寺的死寂形成鲜明对比；山门左侧一溜金顶的白墙，上书一排大字“阿弥陀佛南无观世音菩萨”。

①② 中山寺俯瞰

进得寺内，天王殿、观音殿、三圣殿和七佛殿、大雄宝殿

1 2 中山寺

一字排开，布局工整，气宇恢宏。放生池里无数的青鱼、红鱼快乐游弋，东西两侧的各类果园生机盎然，大殿高处风铃叮当，搞建设的搞建设，做佛事的做佛事，师傅们忙里忙外，几个居士在大殿外参禅打坐，大法师正在给一对上香的母女讲经祈福……一切井然有序，静雅祥和。

在山门内的左侧，我找到了几通饱经洗礼的青石碑铭，虽然有的已不很清晰但保存尚可，这些古碑刻就是中山寺的“身份证”了。

中山寺原名佛日寺，位于元谋县黄瓜园镇（原属苴林乡，后并入黄瓜园镇），康熙三十八年（1699 年）天童明岐和尚创建。《华竹新编》称：“山初无水，自明岐创寺，惠泉涌出，于是，立浮屠，崇梵宇，山门大启，法席遂成。”是时，县知事莫舜鼐好佛而尚文，明岐能文，相与雅游，成为美谈。次年，莫公为文，记中山寺

❶ 中山寺山门

❷ 中山寺进香正视图

创建之始末与大观，中山寺之名愈显，远近来朝，香火不断，佛事之盛，仅次于名刹香山，为元谋第二大寺。

1952 年土改，寺庙被收归国有，先后被改作仓库、学校，破损殆尽，唯大雄宝殿尚堪修理，佛像仅存一尊。有大居士吕纯修姐妹三人，坚信佛教，留寺不去，每日诵经参拜，从不中辍，种田养畜，以为生计，历四十年，为中山寺之复兴留下根基，其功不可没也。

1982 年落实宗教政策，经县统战部批准，恢复开放中山寺，由吕纯修任住持，重开佛事活动。1991 年，因吕纯修年事已高，由法祥法师继任，开始翻修大雄宝殿。同年，学校迁出，恢复中山寺原址，用地 37516 平方米，建筑面积 999 平方米。为恢复原庙宇佛像需要巨款，法祥四出化缘，七年间，集得资金五十余万元。其中，昆明佛教信徒捐赠占三分之二，攀枝花市及本地善男信女捐赠占三分之一，又从银行贷款七万五千元，共约六十万元。先后在原址上重建山门、天王殿、观音殿、三圣殿和七佛殿。哼哈二将披坚执锐守卫山门，四大天王雄姿勃勃坐镇前殿，观音菩萨慈祥普度众生瞻仰，如来佛祖统率诸神谕人向善，三圣

千手观音

七佛各司其事，以民为念。其他一起被供奉祭祀的诸位神仙还有文殊菩萨、普贤菩萨、十八罗汉、伽南、达摩等。西厢设有祖师殿，达摩祖师居中，左边供列本寺之开山始祖明歧和尚，右边供列有活佛老母。活佛老母者，相传为本地牛街阮氏女也，虔诚信佛，不食人间烟火，以香末（制香原科）为食，坐化东山而成佛，当地人信奉为神明。观整个中山寺，殿宇巍峨，飞檐翘角，红瓦赤壁，庄严肃穆。鸣钟击鼓，宣告佛事的开始和结束，风铃叮咚，播梵音于远处。古树几棵，显历史之悠久，芒果成林，疑是蟠桃仙园。新建、翻修之殿宇建筑面积共 999 平方米。殿宇东西两侧新建僧人住宿楼、厨房、斋堂、客房、茶室、净室共 1020 平方米，总建筑面积 2019 平方米，总投资约六十万元。法祥法师以身为引，以缘为舟托钵行施，深受僧众和世人敬佩。近年来，信徒日增，朝拜者愈众，每年正月十五日盛会，朝拜者络绎于道，多达两三万人。寺内香烟缭绕，难见天日，人流摩肩，挥汗成雨，偌大寺院，拥挤不堪。此中山寺今日之大观也。

然未尽善也，以今日情况度之，于近期内建新殿，优化环境已有可能，因计划于七佛殿后建地藏殿和七层塔楼，以超度亡灵和保一方平安。设碑林、兴竹园、阔道路、植草坪、摆盆景。寺前放生池约十亩，拟建凉亭于其中，以四桥相连接，养鱼种莲，四旁植垂柳，以便香客于拜佛之余，漫步林荫水阁，睹繁花，闻鸟语，暂忘人世之喧嚣，有入仙境之感觉。预计建成之后，佛殿建筑面积将达 1234 平方米，生活用房 1020 平方米，总计 2254 平方米。

中山寺的今天，概因地处富庶的热坝腹地，法师心无杂念，潜心修佛，传道有方，佛事日盛，建设修为，日新月异，致历久弥新的寺之中山如日中天，蔚为大观，可圈可点，可叹可赞！正是四方旅人朝中山，佛香鼎盛映佛日。

清真寺

清真寺，位于城北之张二村。始建于清咸丰年间，咸丰十年（1860 年）元谋回民参加云南回民起义，同治八年（1869 年）马街土城为官军杨玉科部攻破，清真寺被毁。光绪二十一年（1895 年）重建。1982 年恢复伊斯兰教活动场所，1996 年依法登记。占地面积 1316 平方米，其中殿堂占地面积 276 平方米，为砖混结构楼房，整洁亮丽，功能齐全。1998 年被云南省伊斯兰教协会评为“模范清真寺”。2008 年至 2009 年，清真寺投资对大殿进行修缮，县委统战部为该寺争取资金 10 万元。